CREED Y VERÉIS

CREED Y VERÉIS

Génesis Denova

Para realizar pedidos de este libro, contacte con:
Palibrio LLC
1663 Liberty Drive
Suite 200
Bloomington, IN 47403
Gratis desde EE. UU. al 877.407.5847
Gratis desde México al 01.800.288.2243
Gratis desde España al 900.866.949
Desde otro país al +1.812.671.9757
Fax: 01.812.355.1576
ventas@palibrio.com
661413

DEDICATORIA

Doy gracias a Dios por la bendición que me ha permitido al concluir y publicar este libro el cual es de Dios ya que sin El nada de lo que he vivido hubiera pasado pues por El es que existo y tengo la dicha de disfrutar de una Hermosa familia por lo que primeramente dedico este libro al Autor y consumador de la fe, mismo que me ha dado de esa fe que me ha sido permitida para ver lo que primeramente creí.

Y También Dedico este libro a mi Esposo y mis siete hijos, Quienes en todo momento han sido testigos de las grandezas que Dios nos ha permitido vivir.

También lo dedico a mis Padres Que han sido de gran apoyo en todo aspecto en mi vida y quienes tienen a mi familia en sus continuas oraciones.

ÍNDICE

PRIMER TEMA
Creer

1 Por sus frutos..17
2 Líbranos del mal 21
3 Yo se que estas Aquí...26

SEGUNDO TEMA
Amar

4 Entrando al Arca...31
5 Los Imposibles son su Especialidad 35
6 Una Herencia invaluable 38
7 La mayor necesidad..41

TERCER TEMA
Desear

8 Primer Amor...49
9 ¿Quien voto por mí?...52

CUARTO TEMA
Sacrificar

10 En su presencia 59
11 Atando y desatando..62
12 La Doble unción 66

QUINTO TEMA
Declarar

13 ¡Declaro prosperidad! 73
14 El anzuelo 77
15 Los billetes que aparecen...81
16 Con la fe de un niño 85
17 Preparen su equipaje...89
18 ¡Esa es mi casa!...92
19 De compras sin dinero 95
20 Abrigos de zorro y mink 101
21 EL poderoso: ¡Dios te bendiga!..105
22 Invisibles a la maldad 109
23 Te quitas o te bendigo 112

SEXTO TEMA
Guerra espiritual

24 Establecer el reino de Dios y su Justicia 119
25 Pelea con Sabiduría 122
26 La casa Iluminada que no pueden ver 125
27 Instruye al niño en su camino...128
28 Brujas evangelizadas...131
29 La Armadura de Dios 134
30 Estoy en mi territorio..137
31 La sangre vigente 141
32 Tira los dulces y elige a Cristo 144
33 Ungiendo las calles..148

SÉPTIMO TEMA
Experiencias con ángeles

34 El Ángel en mi auto..153
35 Tres cuadras con un ángel 157
36 Un ángel me detiene 161
37 Ángeles de refuerzo...163
38 Despedida 168

CREED Y VEREIS

6 Y yo dije: !!Ah! !!ah, Señor Jehová! He aquí, no sé hablar, Porque soy niño
7 Y me dijo Jehová: No digas: Soy un niño; porque a todo lo que te envíe irás tú, y dirás todo lo que te mande.
8 No temas delante de ellos, porque contigo estoy para librarte, dice Jehová.
9 Y extendió Jehová su mano y tocó mi boca, y me dijo Jehová: He aquí he puesto mis palabras en tu boca. Jeremías 1:6-9
Versión Reina-Valera 1960

Compartiré con ustedes la maravillosa experiencia en mi vida causada por la fundamental bendición de la comunicación con Dios. Y como es que podemos vivir una vida llena de hermosas experiencias gracias a la fe que nos es dada por Dios, para poder ver lo que primeramente creímos. Dios aun sigue hablando y mostrando su gran misericordia. Él esta dispuesto a llenarnos de bendiciones y a manifestar en todo momento su poder sobre cada uno de los que creen en Él. Su mano está extendida para brindarnos su ayuda. Su mirada esta puesta en nosotros en todo momento. Él está esperando el hermoso sonido de la voz que le alaba y le agradece y está dispuesto a contestar las peticiones del justo. Y sabemos que el justo vive por la fe impuesta en Dios la cual lo hace adorar su Santo nombre.

Últimamente se ha visto a muchas personas perder la fe y la esperanza, y así mismo el amor, y muchos se han movido a un estado de apatía espiritual. Se sienten desilusionados, escépticos a las promesas de Dios, mostrándose indiferentes. Se ha visto como la maldad se multiplica, y como la inseguridad se apodera de muchas ciudades a causa de la violencia desatada, y se preguntan "¿Donde esta Dios?"

Es hermoso recordar como es que unos pocos años atrás muchas personas salían a sus terrazas al atardecer. Ahí platicaban y convivían algunas familias tomando el aire fresco de la noche; Compartiendo anécdotas, disfrutando de algunos bocadillos, realmente convivían. Había el tiempo para hacerlo. Pero ahora la mayoría de las personas viven tan apresuradamente. Pareciera como si los días tienen menos horas y esos minutos se han convertido en segundos y

Mucha gente trata de llegar lo más temprano posible a su casa. Pero les es imposible a causa del gran tráfico en las carreteras, y algunos ya cansados del trabajo encienden el televisor para distraerse un poco de la rutina. Pero lo que encuentran son malas noticias, muchas personas ya no quieren comprar el diario, no quieren escuchar ni ver el noticiero porque en muchos se hace causa de estrés y preocupación. Pero lo que realmente preocupa de esta situación es que algunos ya no ponen su confianza en Dios, y viven una cansada rutina.

Como un día mientras que yo exponía un tema donde hablaba de una oportunidad de negocio, daba gracias a Dios continuamente mientras explicaba y mostraba mi trabajo como una bendición que Dios me permitió tener. Cuando terminamos la explicación, una persona se acerca a mí y me dice que si necesitaba escuchar de Dios lo haría en una Iglesia. ¿Acaso piensan que a Dios solo sele puede encontrar un día a la semana y en un mismo lugar y a la misma hora? Yo le compartí a esa persona que Dios es omnipotente, omnisciente y omnipresente y no hay limites para alabarle y adorarle y mi agradecimiento lo expresaba continuamente. Pues el simple echo de respirar me permite darme cuenta de la misericordia de Dios en mi vida y que todas las cosas que me suceden las recibo como bendiciones, aun si estas cosas no son lo que esperaba pues todas las cosas nos ayudan para bien.

¿Que ha sucedido? Algunas personas van a la Iglesia por rutina, o por sentir que cumplieron con una responsabilidad la cual les da un poco de calma. Terriblemente otros van a la fuerza. Esto me recuerda al lo que dice el libro de Malaquías en donde los sacerdotes ofrendaban a Dios animales enfermos, ciegos y cojos, y por si fuera poco exclamaban con fastidio el tener que ir a ofrecer sacrificio a Dios. Tal es así que hoy en día hay quienes se sienten fastidiados al ir a la Iglesia y sus sacrificios de adoración son como los animales impuros. Siendo que Dios se complace en los adoradores que le adoran en espíritu y en verdad; ¿que sucede cuando preguntas a alguien acerca de su experiencia sobrenatural con Dios? o cuando preguntas acerca de ¿cual fue el ultimo milagro que presencio? ¿Cuando fue la última vez que danzo en el espíritu y que derramo sus lágrimas en el altar entregándose a Dios como una ofrenda de adoración en olor fragante? ¿Cuando fue la ultima vez que adoro a Dios en espíritu y en verdad? ¿Y cuando fue el la ultima vez que se levanto de madrugada después de que su sueño fuera interrumpido por una voz que le dijo que se levantara y orara? ¿Y la última vez que vio descender la gloria de Dios en su vida?

Algunos solo inclinaran su cabeza pues recordaran alguna o varias experiencias pero no de tiempo resiente sino de años atrás.

¿Que fue lo que paso? ¿En que momento se perdió ese deseo de entregarse por completo a Dios y sentir esa presencia que antes se manifestaba continuamente? ¿Donde esta el deseo de alabar?

¿Donde esta la ferviente necesidad de servir y de rendirse a Dios?

¿Como es que nos apartamos y dejamos de ser los apasionados adoradores? ¿Y como los días fueron pasando uno a uno y la pasión se fue acabando, y la duda y la inseguridad llegaron no permitiendo que esos hermosos momentos de adoración y comunión con Dios se mantuvieran activos en nuestra vida?

Este libro me hizo pensar en todas esas cosas, y como sucede que la rutina diaria en varios aspectos de la vida nos va alejando de la comunión con Dios, y son tantas bendiciones las que se están perdiendo. Debemos recordar que cada día que amanece son nuevas las misericordias de Dios y con ellas las bendiciones diarias. Y con esas rutinas perdemos de disfrutar una gran experiencia con Dios por el hecho de vivir tan afanada y apresuradamente. Siempre a las carreras, con tantas cosas en mente por hacer, mucha gente olvida hasta el orar y ponerse en las manos de Dios y el decretar en sus hijos la bendición y protección divina.

La palabra de Dios nos muestra como hay personas llenas de maldad y amargura que maldicen el día para que sea trágico, y disfrutan viendo y sirviendo a la maldad. Sin embargo también nos muestra el poder del cristiano el cual nos ha sido dado por Dios para declarar todo tipo de bendición y cancelar toda maldición en el poderoso nombre de Jesús.

Todos podemos hacer la diferencia y compartir cada día de las hermosas experiencias que hemos tenido con nuestro Dios Todopoderoso y de esta manera alimentar nuestra fe y reconocer que Dios sigue siendo el mismo de ayer de hoy y por los siglos. El cual hizo milagros y prodigios donde muestra sus maravillas a su pueblo, un pueblo que le alaba y le glorifica. Un pueblo que esta atento a la palabra que sale de su boca, que desea sentir su presencia y ser testigo de sus maravillas. Que se levanta y sacude sus pies fortaleciendo su vida y echando fuera todo temor, toda rutina, y toda duda. Compartiré con ustedes algunas de las cosas más sobresalientes que Dios ha hecho en mi vida por las que estoy plenamente agradecida. Este libro esta dedicado a Dios porque el lo hizo todo, y su misericordia ha sido grande en mi vida, por El existo, por El vivo y respiro, por que El vive. Dios me dijo que compartiera y compartiré; aunque algunas personas me han dicho que hoy en día hay mucha incredulidad y la gente dudara y se cerrara para no recibir bendición. Pero yo pienso que siempre ha habido gente así. Y aunque para muchos incrédulos solo será producto de la imaginación, los cuales también piensan que los milagros y prodigios que vemos en la Biblia son solo fábulas, y buscan la manera de no creer y se pierden en sus dudas no permitiendo ser bendecidos. Pero mi esperanza esta puesta en Dios quien tiene todo el control de cualquier situación. Se que su palabra no regresara vacía. Pero también hay gente que cree, y que jamás dejara de creer en Dios. Que sabe que Dios ha hecho maravillas, las sigue haciendo y siempre las hará. Y El se hace sentir y notar, por lo cual no callaré las maravillas que Dios me ha permitido ver y se que hay mucha gente que también ha sido testigo de las grandezas sobrenaturales que Dios permite que vean, y en todo tiempo es para que su Santo y Bendito nombre sea por siempre y para siempre glorificado. Sin Dios jamás fuera y existiera, por el es que respiro, pienso y vivo. Por El vale la pena vivir y disfrutar de su bondad. Por lo cual; **Creer, Amar, Desear, Sacrificar, Declarar, Guerrear y Testificar**, son puntos que tocare para hablar al respecto de las experiencias que Dios me ha permitido experimentar en el mundo sobrenatural. Les compartiré un poco de mi testimonio, de como fue que conocí a Cristo y como los dones, talentos y ministerios se fueron manifestando en mi vida para la gloria de Jesucristo.

PRIMER TEMA

Creer

1

Por sus frutos

La palabra de Dios nos dice que para el que cree, todas las cosas son posibles. Es la fe la que hace que tu corazón crea y puedas ver las cosas que no son como si lo fueran. Pues al iniciar creyendo, vemos con la fe lo que los demás no ven y de pronto se manifiesta lo que al principio creíste sin dudar. Hay quienes se atreven a creer por la bendición de alguien más y esa bendición llega y se manifiesta en aquella otra persona. Un ejemplo de esto es el Centurión que teniendo un soldado enfermo le pide a Jesús que declare la palabra de sanidad y el soldado seria sano. Jesús se gozo al ver la fe de aquel hombre. Así hoy en día vemos a personas orar por otras y la fe hace que las cosas sucedan. Y vemos como se abren puertas por haber creído aunque esta fe se manifieste no solo por el creer sino también por el declarar. Es así como podremos ver que muchas puertas se pueden abrir. Imagínate, cuando vas ejercitando la fe, empiezas por creer en lo que tú necesitas y visualizas tus sueños. Cierras tus ojos y empiezas a ver y a sentir, y experimentas un gozo por cuanto haz creído. Y de esta manera empiezas a declarar lo creído. Aunque, se levantara oposición de la gente que no estará feliz al ver tu fe, y trataran de inyectar el terrible dardo de fuego llamado duda. Si esquivas esos dardos cerrando tus oídos no dejando de creer y accionando la fe, te aseguro que podrás vencer y disfrutar de lo que muchos no quisieron creer. Pero algo he visto, que cuando se levanta la oposición de la gente que quiere hacerte desistir de tus sueños y de tu fe, y tratan de desanimarte, es porque realmente ellos si creen que tu lo puedes lograr. Ellos ven en ti el rostro de la fe, el cual es la seguridad, la convicción con lo que declaras tu bendición. Así que cuando la gente dude de tus sueños será la muestra de que tienes la capacidad de lograrlos. Porque la fe, la haz manifestado en tu rostro al creer.

Tenemos que tener cuidado en nunca perder la cordura y ser humildes de corazón, no dando lugar a la soberbia, al orgullo, y al afán. Pues si se cae en una de esas redes se perderá la sabiduría y el discernimiento que nos permite saber en a que aplicamos nuestra fe y a quien le estamos creyendo. Tenemos que aprender a escuchar la voz de Dios y tener en cuenta lo importante que es saber que puertas son las que abrimos, ya que muchas de ellas conducen a caminos de sombra, dolor y muerte. Pues, todo lo que hagamos tendrá consecuencias. Muchas personas piensan que cuando hacen algo malo y se arrepienten, eso ya queda por completo en el pasado y jamás tendrán problemas por ellas. Sabemos que cuando le piden perdón a Dios, El les perdona y jamás les recuerda su pasado. Pero, las consecuencias de ese error se hacen notar y se enfrentan luchas y conflictos continuos con las personas que fueron afectadas a causa de su pecado. Hay quienes habiendo logrado el éxito se vienen abajo por un momento de debilidad y pierden absolutamente todo lo que habían logrado con tanto esfuerzo y sacrificio. Y, hasta la paz y confianza de sus seres queridos y de ellos mismos se ha perdido. Pero el amor de Dios es tan grande que no rechaza a ningún corazón contrito y humillado. Pidiendo a Dios sabiduría podrán enfrentar los daños ocasionados, nunca olvidando que el fruto del espíritu es quien dará testimonio de que realmente esta arrepentido y de que su vida ha sido entregada a Cristo. No será fácil pero tampoco imposible ya que Dios nos da la capacidad para resistir y como dice su palabra, El no nos ha dado espíritu de cobardía.

"Porque no nos ha dado Dios espíritu de cobardía, sino de poder, de amor y de dominio Propio" 2 Tim 1:7

Por lo cual tenemos que ser sabios en todo momento y alejarnos de lo que pueda ser ocasión de caer. Y para poder lograrlo es necesario vivir en continua comunión con Dios. Así el pasado no será motivo de aflicción en su vida tal y como quiere el diablo que sea.

Al contrario, su pasado será usado para ayudar a muchas personas que están pasando por el mismo problema que Usted paso. Al dar testimonio de como se puede salir de lo malo y de que Dios perdona y da fortaleza para vencer y salir adelante, ellos también lo harán, pues en el nombre de Jesús somos mas que vencedores: **"Antes en todas estas cosas somos mas que vencedores por medio de aquel que nos amo" Romanos 8:37**

Y si el pecado no solo afecto su vida sino que también afecto la vida de sus seres queridos, ellos serán los primeros en estar observando que su arrepentimiento sea genuino con el fruto del Espíritu manifestado en su vida, **"... amor, gozo, paz, paciencia, benignidad, bondad, fe, mansedumbre, templanza..."** *Gálatas 5:22-2*3

Ellos podrán ver que realmente cambiaste y así recuperar la confianza pérdida de quien haya sido lastimado. Solo recuerda dar siempre honra y gloria a Dios, pues solo por El podemos salir adelante y tener una vida transformada por medio de Jesucristo. Y al someterse a Dios, El podrá ayudarle y restaurar su vida en todo aspecto. Y todo lo que pidieras creyendo lo recibirás, no para contender sino para que su Santo nombre sea glorificado. Es nuestro deber como hijos de Dios mostrar nuestra transformación pues somos nuevas criaturas; decidimos cambiar, creímos a Dios y el se encargo de hacer de nosotros nuevas personas. Y, en su infinita misericordia nos dio la oportunidad de ser completamente diferentes a lo que antes éramos.

Bendito sea el nombre de nuestro Señor Jesucristo.

2

Líbranos del mal

Jehová es mi luz y mi salvación; ¿de quién temeré?
Jehová es la fortaleza de mi vida; ¿de
quién he de atemorizarme?
Cuando se juntaron contra mí los malignos,
mis angustiadores y mis enemigos,
Para comer mis carnes, ellos tropezaron y cayeron.
Aunque un ejército acampe contra mí, No temerá
mi corazón; Aunque contra mí se levante guerra,
Yo estaré confiado. Salmo 27:1-3 *(Reina-Valera 1960)*

Fui una niña muy bendecida con unos Padres extraordinarios que se dedicaban a darnos lo mejor a mi hermana y a mí. Pero como en la mayoría de las familias la falta de comunicación afecta en gran manera las relaciones entre Padres e hijos, pues muchos Padres cuidan a sus hijos pensando que la maldad se encuentra solamente afuera de las casas, sin imaginar que lo peor puede estar pasando bajo el techo de su propia casa. Fui víctima de acoso sexual desde muy temprana edad y por un transcurso de aproximadamente diez años lo cual afecto significativamente mi vida, sin embargo no daré detalles al respecto de lo cual por respeto y cuidado de no afectar a terceras personas he decidido que por el momento omitiré este tema. Otra circunstancia desagradable añadida a mi vida fue el acoso de compañeros de escuela a lo cual en algunos países se le reconoce como bulín y es mucho muy común hasta el día de hoy en las escuelas, donde la burla de algunos compañeros de clases afligen y frustran la vida de muchos jovencitos o niños, quienes en algunos casos el acoso a llevado a esos niños y jovencitos al suicidio, en mi caso trate de suicidarme tres veces en los cuales todos los esfuerzos fueron fallidos por lo cual eso hacia que mi vida se llenara de ira, resentimiento y sufrimiento. Este es un tema muy extenso y necesario de estudiar por los Padres, para prevenir cualquier daño a sus hijos ya que lo malo es que muchos

Jovencitos pasan por circunstancias similares y sus familiares no se dan cuenta, pues pueden ocultar sus sentimientos enfocándolos en alguna actividad y la mayoría de veces esas actividades no son buenas. En aquel momento de frustración y dolor unas amigas me ofrecieron una distracción llamada guija, tristemente caí en esa red que se tiende a los jóvenes donde nuestro adversario el diablo se muestra comprensible y confiable. Fue así como me induje a un mundo de ocultismo. Hablaba con demonios, obedecía algunas peticiones y ellos a cambio me daban poder para controlar a mis enemigos. De esa manera evitaba el acoso sexual que tanto me irritaba y las ofensas de los compañeros ya que esas personas dejaron de acercare a mi a causa de un poder demoniaco mas fuerte que el de ellos; pero que error tan grande fue caer en esa trampa.

Satanás me pidió que escribiera un libro de terror y usara varios personajes donde involucraba a mis amigas pero con nombres ficticios, y termine el manuscrito el cual entregue a una de mis amigas para que ella lo guardara en su casa, hable con todas las involucradas en el libreto de la historia pues según yo la idea era grabar con una cámara de video casera esa película, pero estaba muy equivocada ya que el plan de Satanás era muy diferente al que yo creía. Una mañana al esperar el transporte escolar mi amiga llega muy asustada con el manuscrito en las manos y me dice que algo muy extraño sucedió ya que encontró dentro del manuscrito un folleto con un texto bíblico y en el encabezado hacia la siguiente pregunta con letras rojas y resaltantes:

¿SI MURIERAS EN ESTE MOMENTO, ESTAS SEGURO QUE IRIAS AL CIELO?

Esas palabras fueron como una descarga de corriente eléctrica en mi vida, estuve muy pensativa con la Mirada fija a ese pequeño folleto mientras que mi amiga estaba inquieta esperando a ver cual seria mi respuesta o mi reacción ya que parecía que me había quedado congelada con una actitud fría y altiva hacia el folleto del cual no perdía mi vista. Pero en realidad mi Corazón palpitaba aceleradamente y sabía que ese mensaje era cien por ciento para mí, quien había escrito ese manuscrito, por lo cual le dije a mi amiga de manera desesperada: Ayúdame, tenemos que romper por completo este manuscrito, y empezamos a romperlo hasta quedar en pequeños pedazos de papel y así fuimos a tirar todo a la basura. Al siguiente día al esperar nuevamente en la mañana frente a mi casa el transporte escolar, mi amiga llega corriendo a mi casa pero esta vez llorando, y me entrega el manuscrito intacto en mis manos, yo me sorprendí en gran manera y me sentí muy asustada y confundida pues el manuscrito fue hecho a mano con pluma. Las cosas se salieron de control, me di cuenta de que quien pensaba que era mi amigo era mi peor enemigo y que el quería destruir no solo mi vida sino la de las personas que me amaban. Entonces decidí renunciar a El, pues los demonios empezaron a molestar a mis amigas y a mi Hermana.

Y estando sola en la sala de la casa de mis Padres, meditaba en todo lo que estaba pasando y me sentía muy molesta por lo que sucedía pues mis amigas me tenían miedo y me evitaban pues los sucesos que había escrito en el libro se iban haciendo realidad. En el libro una de ellas rodaba por unas escaleras y eso le sucedió en la vida real y así mismo empezaba a suceder a las demás, por lo que tenían mucho miedo y sentían una gran opresión. Y esa noche siendo las once treinta de la noche mi hermana y mi Mamá estaban atendiendo una tienda de abarrotes que teníamos, y mi Padre estaba fuera de la Ciudad, así que estando yo sola en la sala de mi casa y muy enojada empecé a gritar a Satanás y grite una y otra vez su nombre pues deseaba terminar toda amistad con El. De repente se fue la luz y toda la casa quedo a oscuras, y sentí una pesadez en el ambiente, mi cuerpo temblaba de miedo pero la ira que sentía mantenía mi cuerpo rígido, las cortinas empezaron a elevase hasta tocar mi cuello. Fue ahí donde entendí que me había metido en algo muy malo y que tal vez no habría salida. Tuve mucho miedo sentí que moriría pero mientras las cortinas se estiraban y se enredaban en mi cuello levante mi cara y vi hacia el techo de la sala y algo vino a mi mente y a mi oído, fue como una voz muy suave que me decía: ¿No haz pensado que si existe el diablo también existe Dios? ¡Es verdad! respondí en mi mente, si existe el mal también existe el bien, si existe el diablo ¡quiere decir que también existe Dios!...y abrí mi boca y grite a Dios y le dije: ¡Dios! ¡Si tú existes ayúdame por favor! ¡Ayúdame! Y en ese momento la luz volvió, la opresión desapareció, las cortinas cayeron y se sintió mucha calma, mi corazón palpitaba fuertemente mi cuerpo temblaba. Yo estaba muy apenada con Dios por lo mal que me porte. Rompí y tire todo lo que había hecho, Así mismo las fotografías y todas las cosas que había puesto al revés las puse en su lugar, pues una de las cosas que los demonios me habían ordenado era poner todo al revés, y mi Mamá encontraba artículos de cabeza, todo lo que se pudiera poner al revés yo lo ponía, desde decoraciones, fotografías, platos, vasos y todo lo que se pudiera.

Pero bendito sea Dios quien tuvo misericordia de mi y vino en mi auxilio siendo yo pecadora y sin haberlo conocido, su misericordia ha sido grande en mi vida y sigue siendo cada día pues sus bendiciones son como lluvia que jamás deja de caer y refresca cada día.

Como no he de adorarle si yo misma he visto su poder y he sentido su grande amor; fue así como empecé a buscar a Dios pues su protección y amor eran muy necesarios en mi vida.

3

Yo se que estas Aquí

Acudí a una Iglesia a confesarme, pero la penitencia que me pusieron la sentí muy pequeña ya que no me hacia sentirme bien pues solo era repetir unos rezos quince veces, pero no sentía la paz que buscaba. Y mientras estaba de rodillas le pedí a Dios que me ayudara ya que me sentía muy triste y avergonzada por nunca haber pensado en Él, y al empezar a decir el Padre Nuestro encontré tranquilidad y protección, yo sabia que ahí estaba Dios hablándome directamente en esa oración, Pues traía a mi vida paz cada vez que me sentía triste, o atemorizada, ya que en muchas ocasiones podía ver sucesos en el mundo espiritual, brujos, demonios y animales extraños del tamaño de un perro; pero me abrazaba de aquella oración y cerraba mis ojos creyendo con todo mi Corazón que Dios estaba ahí conmigo y me protegía y libraba de todo mal, así que volvía a repetirlo nuevamente visualizando su protección. Por lo que me aferre fuertemente a las palabras del El Padre Nuestro y venia la paz cuando la terminaba diciendo libramos de todo mal.

Dios se apiado de mi, yo tome esa oración como un escudo con el cual me sentía protegida pues me traía calma y me daba seguridad, entendí que Dios estaba en control en todo momento, mientras yo confiara en Él y no me soltara de su mano, él estaría cuidándome y protegiéndome, librándome de todo lo malo. Jesucristo nos estaba dando un ejemplo de como podemos orar a Dios, pues El no busca una repetición de palabras sin ninguna pasión, amor y agradecimiento hacia Dios, ya que lo que busca es un adorador que le adore en espíritu y en verdad, que entienda que Dios es su Padre y se acerque a EL confiadamente como dice su palabra en el libro de hebreos:

Acerquémonos pues, confiadamente al trono de la gracia, para alcanzar misericordia y hallar gracia para el oportuno Socorro Hebreos 4:16 Reina Valera 1960

Pude sentir su presencia, dormía contenta sabia que el estaba ahí. Ya no tuve temor, y si venían problemas ya no los sentía como antes. Y cuando veía el cielo sabia que Dios estaba en control de toda situación supe que tenia un cielo azul que contemplar y admirar y que tenia un gran camino por recorrer, y que podía soñar y ser feliz, aprendí a tener misericordia de quien me hacia daño y a alejarme del enemigo. Me apasionaba dibujar, y si de pronto la tristeza llegaba a tocar la puerta de mi corazón yo corría rápidamente por una pluma y papel y empezaba a escribir la Oración que traía paz a mi vida. De esa manera es que le demostraba a la maldad que yo estaba confiada en Dios, y era como si le dijera al diablo no te acerque a mi porque le hablo a mi Padre Dios para que te ponga en tu lugar como un día lo hizo cuando quisiste hacerme daño.

Hoy en día al venir esos recuerdos a mi mente veo a una niña corriendo a los brazos de su Padre después de que su enemigo camina al rededor de ella, a lo lejos sin quitarle la vista esperando a verla apartarse de su Padre para así correr a devorarla. Pero me gozo en saber que a donde nosotros vamos Dios va cuidándonos siempre. Estamos rodeados de su protección divina y escoltados por ángeles celestiales que Dios pone a nuestra disposición para que nos protejan y no permitan que nos dañen. En aquel tiempo me hacia tanta falta que alguien se acercara a mi y me mostrara como acercarme a Dios y me enseñara lo que tanto deseaba conocer. Pero Dios nunca llega tarde, y siempre tiene obreros que hacen su trabajo con amor y pasión. Jesucristo llego a mi vida unos años después de lo cual testificare en el siguiente capitulo.

Vosotros, pues, oraréis así: Padre nuestro que estás en los cielos, santificado sea tu nombre. Venga tu reino. Hágase tu voluntad, como en el cielo, así también en la tierra. El pan nuestro de cada día, dánoslo hoy Y perdónanos nuestras deudas, como también nosotros perdonamos a nuestros deudores. Y no nos metas en tentación, mas líbranos del mal; porque tuyo es el reino, y el poder, y la gloria, por todos los siglos. Amén. Mateo 6:9-13 (Reina Valera 1960)

SEGUNDO TEMA

Amar

4

Entrando al Arca

El ser humano tiene la gran capacidad y necesidad de amar, pues de esa manera es que podemos sentir la presencia de Dios ya que la Biblia habla de que Dios es amor, quien nos permitió la gran bendición de amar.

Pasados cuatro años, al estar en mi casa con mis dos niñas, veíamos la televisión y cambiaba de canal una y otra vez, pues estaba aburrida, y mientras cambiaba los canales encontré un programa en donde estaban predicando la palabra de Dios y dije yo: ah los aleluyas (como les decían a los que predicaban) Y cambie de canal hasta llegar nuevamente al canal cristiano y dije entre mi: pues bueno, veré que es lo que dicen. Y resulta que estaban hablando de Noé, y de todo lo que empezó a suceder después de que Dios cerro la puerta del arca, como la gente gritaba suplicando que los dejaran entrar, y los predicadores decían que como era posible que habiendo tenido el tiempo y la oportunidad de haber entrado al arca y salvar a su familia, ignoraron a Noé y hasta se burlaban de lo que les decía. Claro que entendí al predicador y me molesté con la gente que no hizo caso, y decía entre mí "pero ¿como es posible que no hayan hecho caso? ¿No les importaban sus hijos? ¿Y siendo advertidos ignoraron el aviso? ¿Que les costaba haber entrado? ¡Yo hubiera entrado! pues entre es verdad o mentira yo mejor entraba y a aseguraba que mis hijos no se fueran a ahogar". Y mientras yo pensaba así de pronto el predicador levanta su voz y le acercan la cámara y el se dirige a alguien viendo directamente a la pantalla diciendo: ¡Tu que me estas viendo en este momento! que harías si te digo que se esta repitiendo nuevamente la misma Historia, que esa arca se llama Jesucristo y tienes que dejar que entre a ti y tu rendirte a El y aceptarlo como tu único y suficiente salvador, en el tendrás salvación y vida eterna para ti y tu familia. ¡Jesucristo viene pronto por su Iglesia y ese día se cerrara la puerta se acabara la gracia y entonces vendrá un gran sufrimiento! Esas palabras tocaron mi vida y ahí estaba yo en la misma posición de la gente que fue advertida en los tiempos de Noé, ahora me tocaba a mi elegir entre creer o no, entre voltearme y seguir mi vida sin Dios, entre entrar o rechazar, era como si se hubiera regresado el tiempo y veía esa gran arca de madera con una gran puerta y con mis hijos en brazos. Solo me podía ver frente a la gran puerta del arca, y la decisión la tenia que tomar en ese momento, ¿Y que pasara si entro? Tenia que pensar rápido y no cometer el error que aquellas personas cometieron Así que dije en voz alta: No lo se, pero si se, que no quiero que les pase nada malo a mis hijas ni a mi, El predicador dijo algo que me sacudió, dijo: Yo te invito a retar a Dios en este momento, porque Dios se complace en mostrarte como puede hacer posible lo imposible, reta a Dios, recíbelo en tu corazón y pídele algo imposible y El te lo dará. En ese momento mi mente trabajaba rápidamente, me sentía como con un boleto para una deseo y tenia tiempo expiración de minutos o tal vez segundos pues el programa estaba a punto de terminar, y pensaba y pensaba desesperadamente por cual seria mi deseo. El predicador dijo: toma el teléfono y llama en este momento pidiendo el deseo de tu corazón. Yo corrí hacia el teléfono y marque al númcro que aparecía en pantalla y mientras me contestaban ya estaba lista con mi petición, no imaginaba siquiera lo que me esperaba. En unos segundos mi vida cambiaría completamente y fue en ese momento cuando una mujer contesta el teléfono y lo primero que dice es ¡DIOS TE BENDIGA! esas palabras fueron tan fuertes, con gran poder tocaron mi corazón "¡Dios te Bendiga!" sentí tan bonito que no podía ni hablar, entonces la hermana me dice ¿cual es tu nombre? ¿De que ciudad llamas? y he aquí la pregunta: ¿te gustaría recibir a Jesucristo como tu Señor y salvador? Esa pregunta la sentí como cuando me case pues sentía como si la respuesta tendría con ella un gran compromiso; aceptar, aceptar, aceptar, y mi corazón se emociono tanto y le respondí que si!. Entonces me dijo repite conmigo esta oración y así confesé que Jesús es el hijo de Dios y que murió por mi en la cruz, y resucito al tercer día venciendo a la muerte y al diablo, y pedí que mi nombre fuera apuntado en el libro de la vida, y que Jesús viniera a vivir en mi corazón, que perdonara todos mis pecados que me arrepentía de todo lo malo que había hecho, que transformara mi vida a su voluntad, que me hiciera una nueva persona y pusiera en mi un corazón limpio y digno de su presencia. Al estar repitiendo la oración de salvación mi cuerpo empezó a temblar y había un gran gozo en mi corazón mi boca temblaba y mi voz quebrantada repetía la oración de la hermana, ¿Que esta pasándome? decía entre mi ¿Porque estoy llorando? No lo podía entender, y entonces la hermana me dijo, bienvenida a la familia hermanita.

Qué bello es saber que tienes una gran familia espiritual y además después de que supe que cuando un picador se arrepiente y acepta a Jesucristo como su único y suficiente Salvador, una fiesta se lleva a cabo en el cielo donde todos los Ángeles festejan por una nueva persona que acepta a Cristo Jesús como su Señor y salvador.

Romanos 10:9-11
Que si confesares con tu boca que Jesús es el Señor,
y creyeres en tu corazón que Dios le levantó de
los muertos, serás salvo. Porque con el corazón se
cree para justicia, pero con la boca se confiesa para
salvación. Pues la Escritura dice: Todo aquel que en él
creyere, no será avergonzado. Reina-Valera (1960)

5

Los Imposibles son su Especialidad

Después de haber aceptado a Cristo la hermana me dice _ahora dime ¿cual es tu petición? ¿Que es aquello imposible que quieres pedir a Dios? Y Yo le dije: la salvación de mi Papi, pues sabia que si mi Padre venia a los pies de Cristo muchas cosas cambiarían, pues su autoridad era fuerte y todos lo seguirían. Fue así como la hermana oro por mi petición y mientras ella oraba para mi era hermoso escuchar aquellas palabras de autoridad que declaraban la salvación de mi Padre y con una gran convicción lo cual hacia que mi mente visualizara a mi Padre haciendo lo mismo que yo estaba haciendo, entrando al arca abrazado de mi Mama y con mi Hermana a un lado, y veía como mi esposo y yo con nuestras dos niñas los veíamos entrar al arca. Así que sentía tantas ganas de llorar pues era un gozo extremo que jamás había sentido en toda mi vida. La Hermana termino la oración y se despidió de mí nuevamente con las mismas hermosas palabras con las que me contestó ¡DIOS TE

BENDIGA! y colgamos el teléfono. Yo temblaba y lloraba no entendía que me sucedía, ¿porque quería llorar como una niña? corrí y cerré la puerta de mi casa con llave, tape todas las ventanas cerré las cortinas no quería que nadie me viera, ese era mi momento a solas con Dios. Y llore y llore y llore hasta descansar; mi corazón estaba lleno del amor de Dios, ahora adentro de mi estaba Dios! Yo estaba muy feliz. Me sentí tan especial me abrazaba a mi misma porque Dios estaba conmigo, dentro de mi, pues eso fue lo que dijo la hermana y yo lo creí porque sentía su amor dentro de mi.

Toda mi vida cambio radicalmente encontré lo que buscaba, el vacío que había en mi fue lleno de la presencia de Dios. Jamás había sentido ese amor tan fuerte y poderoso que te hace sentirte tan agradecido y no quieres dejar de sentirlo.

La felicidad Irradiaba mi vida, abrazaba a mis dos niñas y me gozaba tanto, en ese momento tenia 4 meses de embarazo me sentía muy feliz sabia que tenia una gran sorpresa para toda mi familia. Desde ese día empecé a ver las predicaciones y no me perdía los programas y enseñanzas pero no había llegado a mi vida ninguna invitación a una Iglesia. Nunca dije nada de eso a mis Padres ni a mi esposo, pues mantenía en secreto mi comunión con Dios pues a la verdad todas las experiencias que había vivido las mantenía en completa privacidad pensando en que la gente no creería lo que había vivido ni lo que sentía y no quería que alguien tratara de desanimar mi fe.

Y pasando tres meses en una tarde del mes de Abril alguien toca la puerta de mi casa y cuando la abro he aquí una gran sorpresa, mi Padre con una gran Biblia en su brazo y con un rostro resplandecientemente de felicidad me dice ¡Hija, vengo a compartirte de Jesucristo! Yo no podía ni hablar, estaba maravillada por las grandezas de Dios, ¡así es! ¡Dios se especializa en los imposibles! la petición imposible que puse en las manos de Dios se había transformado en posible, gloria a Dios. ¡Alabado sea su nombre! Hoy en día mis Padres son Pastores y líderes de Pastores, además mi Padre también es conferencista y director de un Instituto Bíblico, viaja a varios lugares del mundo predicando la palabra de Dios, y mi Madre sirviendo en la Obra de Dios también como Pastora de Jóvenes y asesorando al departamento femenil con su conocimiento en la obra de Dios. Ellos son un hermoso matrimonio sujeto a la Autoridad de Dios, por lo cual me siento muy agradecida con Dios por la bendición tan hermosa que me permite de tener unos Padres tan esforzados, valientes y responsables. ¡Gloria a Cristo Jesús!

6

Una Herencia invaluable

Los Padres se preocupan por dar lo mejor para sus hijos y empiezan a buscar las mejores oportunidades de trabajo, iniciarse como empresarios, expandir sus negocios etc.

También empiezan a investigar acerca de cual podría se la mejor universidad para sus hijos, y algunos Padres hasta piensan en cual será la mejor carrera que su hijo podrá elegir, pues desde que sus hijos son Bebes, los Padres empiezan a planear una buena vida para sus ellos.

Sin embargo los años van pasando y los Padres empiezan a trabajar arduamente para ir supliendo todas las necesidades posibles de sus hijos, y conforme avanza el tiempo los hijos ya empiezan a asistir a la escuela, y en algunos matrimonios tanto el Padre como la Madre se ven forzados a trabajar y en algunos casos deciden turnar sus horarios para así poder estar con sus hijos y no sea necesario pagar por el cuidado de los hijos o e que otra persona sea quien este al pendiente de ellos, y la verdad es que este es un tema muy extenso. La educación de los hijos debe mantenernos con los ojos bien abiertos. Pues, la educación no se encierra en lo que mucha gente piensa al respecto. Se concentran en que dicha educación es la que los hijos obtendrán en las escuelas, y debemos entender que esa es solo parte de su educación. Cada niño tiene un carácter diferente y necesidades diferentes, en mi caso tengo siete hijos de los cuales cuatro son mujeres y tres hombre y puedo ver como cada uno es diferente del otro con gustos de vestuario y alimentación completamente diferentes y aunque todos son educados de la misma manera y tienen las mismas creencia religiosas cada uno de ellos es diferente en sus sueños y en sus metas por lo cual requieren distintas atenciones y tenemos que estar atentos a sus actitudes y comportamientos pero las reglas de la casa se cumplen por igual para todos y así mismo nuestro mayor enfoque es el compartir con ellos la palabra de Dios por lo cual hacemos estudios bíblicos familiares continuamente donde cada uno de ellos expone un tema compartiendo la palabra de Dios y disfrutamos de un convivio y leemos un libro de esta manera todos convivimos y compartimos y podemos ayudar a con alguna duda que ellos tengan por lo cual estamos muy agradecidos con Dios por los momentos que nos permite compartir en familia.

así que debemos entender que la educación primordial que un niño debe estar recibiendo es la educación de los Padres, tales como son los valores y esto en realidad se enseñara con el ejemplo; sabemos que hay mucho conflicto en las escuelas y los maestros tienen problemas causados por niños que molestan a sus compañeros, y esto hace una reacción en cadena pues cuando un niño es molestado por otro u otros, esto lleva consecuencia de carácter lo cual desata problemas en aquel niño maltratado por sus compañeros, pero se debe buscar el problema desde la raíz, pues muchos niños que maltratan a sus compañeros tienen una necesidad en sus hogares y la mayoría de las veces son niños que no son atendidos por los Padres y la respuesta que dan estos Padres es que se pasan horas trabajando para poder dar la mejor educación a sus hijos y casi no tienen tiempo para convivir con ellos; pero la mayoría de las veces cuando un padre se da cuenta de que ha descuidado a su hijo por lo regular ya es tarde y su hijo esta afectado y ha afectado a otras personas, por eso debemos entender como la mejor herencia que podemos dejar a un hijo es el conocimiento de Dios, el cual para enseñarse debe haberse aprendido y seguir aprendiendo pues esa es la razón por la cual se acude a una Iglesia, para conocer mas de Dios y poder enseñar a otros y primordialmente a nuestra familia

7

La mayor necesidad

Una vez un hombre trabajo durante cincuenta y cinco años levantando su propia empresa, por lo cual eran tantas las horas que el trabajaba para que su sueno se hiciera realidad. Soñaba tener una gran empresa la cual heredaría a sus hijos, así que el decía que valía la pena el sacrificio. Por lo cual, casi no veía a sus hijos ni a su esposa, quien estaba tan irritada a causa de que su esposo estaba ausente la mayoría de los festejos; de cumpleaños, aniversarios y otros eventos. Aquel hombre viajaba mucho para dar a conocer su empresa y en muchas de esas reuniones se veía en la necesidad de socializar y andar en fiestas y convivimos. Después de unos años, su matrimonio estaba a punto de destruirse. Una persona le aconsejo que hiciera a su esposa participe de sus negocios y la llevara con el todos lados. Así hizo ese matrimonio en el momento donde los hijos iniciaban etapas de la adolescencia. Ellos empezaron a viajar y su matrimonio se consolido, pero la relación con sus hijos se vio muy afectada. Ya no convivían con ellos y así pasaron más de cinco años. La empresa crecía y crecía y a sus hijos no les faltaba nada, económicamente hablando. No había cosa que necesitara que sus padres les compraran. Pues en una ocasión uno de los hijos el cual estaba muy enfadado al sentirse solo, pidió a sus padres un auto deportivo muy costoso. El Padre al principio se rehusó porque sintió que solo pidió ese auto por capricho y orgullo. Pero al fin deciden comprárselo. Ni el hijo pensaba que sus padres tuvieran tal capacidad económica. En ese momento ese hijo estaba pasando por un gran problema pues en la escuela tenia conflictos con otros compañeros. El día de su graduación sus padres tenían un importante compromiso de trabajo fuera de la ciudad pero prometieron estar presentes en el evento de graduación. Así que regresarían en avión ese mismo día, pero las inclemencias del clima evitaron que el avión saliera a tiempo y no pudieron estar con su hijo. Ese día el hijo bebió y manejo su auto a muy alta velocidad hasta estrellarse y morir instantáneamente. El hermano menor que aunque era muy callado y jamás reclamaba a sus padres su ausencia, se vio muy lastimado por la perdida de su hermano y culpo a sus Padres. El jovencito pidió que le enviaran a un internado donde sus estudios académicos serian de un mayor nivel y los padres le apoyaron. El joven termino sus estudios en un internado y logro graduarse con una gran profesión, pero dentro de el se guardaba el rencor a sus padres y jamás dejo de culparlos. Decidió que empezaría a trabajar y jamás tomaría nada de dinero de sus padres pues en el internado donde estuvo estudiando había sido becado y del dinero que sus padres le depositaban jamás tomo. A los pocos años, la madre murió de una enfermedad terminal y su hijo solo se presento al hospital el día que ella agonizaba. El joven se caso y ni siquiera invito a su padre pues su boda fue muy sencilla y únicamente por lo civil. Su padre siguió haciendo crecer su empresa y luchando con la competencia que por tantos años le causaba guerras financieras. Tan rápido pasaba el tiempo para aquel hombre que se olvido por completo de su hijo quien ya tenía hijos grandes. Un día estando enfermo, manda llamar a su hijo y le reprocha el no haberle presentado a su esposa y sus hijos. Le exhorta diciendo que por y su hermano se sacrifico esforzándose tanto para darles todo lo que necesitaran. Pero aquel hijo estaba tan lleno de amargura que al fallecer su padre subasto la empieza la cual compro el enemigo de su Papá y el dinero lo dono a instituciones de niños huérfanos, pues el se sintió como huérfano desde que sus padres los dejaron solos. Es de suma importancia el mantener la comunicación con la familia y reconocer que el valioso tiempo que pasamos con nuestros hijos no tiene precio, y no hay heredad ni fortuna que valga la pena amasar si de por medio llevamos a nuestros hijos a vivir una niñez y juventud en soledad.

El amor es lo que une a las familias y ese amor se debe hacer notar en todo momento.

A continuación daré un ejemplo que podría ayudarle a usted a saber si ha estado dando el amor necesario a su hijo. Así que le invitare a hacer un par de ejercicios que le ayudaran a saber como esta la comunicación con ellos.

Numero uno: le invito a dejar de leer el libro si tiene a su hijo cerca a usted, ya sea ahí en su casa o en el patio, vaya y búsquelo y llámelo por su nombre, ya cuando su hijo esté frente a usted, véalo a los ojos y Dígale sin perder de vista la mirada de su hijo: TE AMO, TE QUIERO MUCHO. Abracé a su hijo unos segundos y si es posible un minuto. Si su hijo sonrío, contesto que el también le amaba, y respondió a su amoroso abrazo, le felicito, usted esta educando a sus hijos supliendo la necesidad primordial que es el amor por lo que se hace notar que es común recibir una abrazo de su parte. Si su hijo se incomodo, no le contesto, trato de zafarse de sus brazos y no le miro a los ojos, entonces hay que trabajar mas en la comunicación y convivir demostrando su afecto con abrazos y expresiones llenas de amor hacia su hijo para suplir esa gran necesidad, pues si su hijo no contesto a su afecto y se mostro frio y apático, lo mas posible es que jamás lo haga a sus propios hijos cuando sea adulto, ya que no creció con esa educación. Pero nunca es tarde para aprender, aunque al principio será un poco difícil adaptarse a un cambio en la actitud de la familia, al poco tiempo vera como ya no esquivaran los abrazos y hasta contestaran: Yo también te amo.

En una ocasión decidimos hacer un ejercicio en la Iglesia y pregunté a los Padres cuando fue la ultima vez que miro a sus hijo de frente y les dijo que los amaba y los hermanos solo sonreían, y les pedí que levantaran la mano los Padres que ese día habían dicho a sus hijos los amo, pero nadie levanto la mano y solo sonreían y volteaban a verse unos a otros esperando a ver quien levantaba su mano, pero nadie la levanto. Así mismo pregunte nuevamente, pero ahora era quien durante la semana pasada dijo a uno se sus hijos te amo y nuevamente nadie levanto la mano y se hizo un gran silencio. La misma pregunta fue hecha en una conferencia de matrimonios, hice el mismo ejercicio y sucedió lo mismo, y al pedirle a los varones que miraran a sus esposas a los ojos y les dijeran cuanto las amaban los único en no perder el tiempo fueron los matrimonios de pocos años de casados mientras que entre mayor edad era el matrimonio mas difícil se les hacia mirar a su esposa a los ojos y decirles que las amaban. Realmente la mayor necesidad no se estaba supliendo y esa necesidad se llama amor. Pero mientras hay vida existe la oportunidad de hacerlo y alimentarse de amor para poder darlo también. La Biblia nos dice que Dios es amor, y que nos ha amado tanto y jamás deja de hacerlo, así que le invito a cerrar sus ojos y a decirle a Dios con todo su corazón "TE AMO" y le invito a hacerlo con voz alta, que se escuche en su habitación o el lugar donde Usted esté . Necesitamos romper el hielo que tiene congelados los corazones que no permiten que los labios se abran y salgan esa palabras cálidas que derriten cualquier cubo de hielo, por lo cual si siente que su vida esta congelada empiece a prender el fuego del amor de Dios por medio del Espíritu Santo para llenarse de su amor y descongelar todo lo frio que pueda estar a su alrededor.

TERCER TEMA

Desear

Desead, como niños recién nacidos, la leche
espiritual no adulterada, para que por ella crezcáis
para salvación1 Pedro 2:2 Reina Valera 1960

8

Primer Amor

Me gozo tanto cuando veo a una persona en su primer amor en el cual vemos un rostro tan enamorado de Cristo donde no importa lo que la gente diga, donde te entregas por completo, y no hay nada que se espere a cambio, donde el tiempo se pasa lento porque estas en ansias de llegar a alabar a Dios y donde el tiempo se pasa tan rápido cuando estas en la Iglesia, y quisieras que las campañas evangelistas, los seminarios y las convenciones jamás terminaran pues haz descubierto que el amor de Dios sacia de bien tu vida y deseas estar en su presencia todo el tiempo. Solo quieres adorar a Dios y no hay afán que haga que desvíes tu mirada de Cristo. Tu tiempo, tu vida y tu alabanza solo son para El. Que hermoso es el primer amor del Cristiano, y mas hermoso seria vivir siempre en el.

Pero que hermoso es poder compartir de ese gran amor con las personas que no le conocen. Por lo cual sabemos que es necesario madurar y fortalecernos espiritualmente para poder llevar la palabra de Dios y tenemos que pasar por decepciones y tribulaciones que nos permiten madurar cada día más y conocer, para poder enseñar. Pero aun así debemos de conservar ese amor. Cuándo Empezamos a asistir a una Iglesia donde mis Padres se congregaban mi Esposo y Yo estábamos muy felices, pero mi esposo siempre tenia que trabajar los domingos pues ya tenia mas de tres años trabajando en ese restaurante de comida rápida y jamás le daban los domingos libres. Así que empezó a pedir los domingos para poder asistir a la Iglesia, sin embargo el Gerente del restaurante le dio a escoger, y es ahí donde tienes que tener mucho cuidado con

Lo que contestas pues le dio a elegir entre el trabajo o Dios, pues esas fueron sus palabras, no dijo elige entre tu trabajo o ir a la Iglesia los domingos. El con voz fuerte y agresiva dijo: "¡Elige entre tu trabajo o Dios!" Pero recordemos lo que dice la palabra de Dios en el libro de

Romanos 8:28 Y sabemos que a los que aman a Dios, todas las cosas les ayudan a bien, esto es a los que conforme a su propósito son llamados

Y bueno, mi esposo le contesto diciendo Elijo a Dios y así fue como lo despidieron de su trabajo. Cómo habría de suponerse la crisis económica no se hizo esperar. Algunos hermanos de la Iglesia nos dijeron que no nos preocupáramos ya que Dios tenía un gran plan para nosotros y aunque muchas veces no entenderíamos porque pasamos por circunstancias adversas no importando cuanto nos esforzáramos Dios estaba siempre en control de toda situación.

La impaciencia ocasiona que la desesperación atrase la bendición o nos lleve por un camino que no deberíamos haber tomado. Aunque nos esforcemos por hacer bien las cosas pensando que ese es el camino que Dios tiene preparado para nosotros lo único que se logramos es cerrar nuestra mente y nuestra visión no permitiendo ser guiados por Dios. Peor aun creyendo en un dicho popular al pensar que podemos ayudar a Dios, lo cual no es bíblico, pues no existe en la Biblia un texto que diga ayúdate que yo te ayudare, pues seria como un padre que le dice al hijo vete solo y después te ayudo. Dios quiere que confiemos en el y que seamos esforzados y valientes por lo cual al ir por un camino bajo nuestro propio razonamiento sin la guía de Dios, jamás lograremos llegar al destino de bendiciones que Dios tiene planeado para nosotros. Por lo cual debemos ponernos en las manos de Dios y dejar que El vaya cerrando las puertas que no necesitamos tener abiertas y abra las puertas indicadas para salir adelante y llegar hasta la meta de bendiciones que el tiene programada para cada uno de nosotros.

Fue así como las circunstancias nos llevaron de frontera a frontera, fue un viaje muy cansado y lleno de opresiones malignas que trataban de impedir que llegáramos al lugar que Dios nos tenia preparado, pero en todo momento Dios tomo el control de toda situación y nos llevo con victoria a nuestro destino. No puedo entrar en detalles de las acechanzas del diablo en ese viaje de mas de veintiséis horas de camino, aunque puedo decirles que en ese transcurso conocimos a gente malvada con apariencia de cristiana, vimos lo que era un lobo disfrazado de oveja que quiso lastimar la vida de una familia recién convertida. Pero Dios en su infinita misericordia no les permitió hacernos mal y en todo tiempo nos cuido, pues dice la palabra de Dios que El se encargara de apartar a los cabritos de las ovejas en su debido tiempo. Así que lo que puedo decirles es que el bien venció al mal, y nada malo nos sucedió gracias a nuestro Señor Jesucristo que siempre nos cuido, ¡gloria sea a Dios!

9

¿Quien voto por mí?

Ya que estábamos establecidos en una nueva y gran Ciudad empezamos a asistir a una Iglesia Cristiana. Nos gozábamos con la alabanza, y ya teníamos escasos tres domingos asistiendo a la Iglesia, cuando el Pastor avisa a la congregación el cambio de mesa directiva, lo cual me lleno de mucha emoción. Era la primera vez que presenciaba algo así. Entonces el Pastor dijo: hermanos esta vez haremos algo diferente, quiero que los candidatos sean personas con un ferviente deseo de servir a Dios. Mi corazón palpitaba muy rápido y en mi mente decía ¡si! ¡Esa soy yo, yo tengo un ferviente deseo de servir a Dios! Entonces el Pastor pide que se pusieran de pie todas las mujeres casadas que deseaban servir a Dios como presidentas del departamento femenil, y vi a una hermana que se puso de pie y luego otra y otra mas allá, entonces me dije a mi misma ¡Este es el momento! y me puse de pie muy emocionada con una sonrisa como decimos de oreja a oreja. Pero ese era el tercer domingo que asistíamos a la Iglesia, nadie nos conocía y vaya que me di cuenta cuando todas las miradas se dirigían a mí y vi como se preguntaban unos a otros ¿Quien es ella? El pastor fue muy gentil al no mandarme a sentar pues ya sabia que nadie votaría por mí. Yo no tenía ni una idea de que es lo que hacia una presidenta femenil, pero estaba segura de que podía aprender rápidamente. Y bueno nos llevan a todas a un lugar apartado para que no viéramos las manos levantadas de los votantes. Después de unos minutos de incertidumbre nos llamaron para entrar ala Iglesia y dieron el nombre de la afortunada y bendecida hermana que logro la mayoría de votos. Yo me senté y le pregunte a mi esposo al oído ¿Cuantos votaron por mi? pero mi esposo no contestó. Pensé: tal vez fueron poquitos, entonces dice el pastor pónganse de pie las hermanas que desean competir por la posición de tesoreras, y rápido me puse de pie y otras cuatro hermanas, y nuevamente perdí, y volví a preguntarle a mi esposo ¿cuantos votos tuve?…y tampoco me contestó, pero el Pastor llama para otra posición! ahora secretaria del departamento femenil! y yo me volví a levantar, y nada otra vez perdí y así hice lo mismo con la posición de superintendente es escuela dominical, maestra de jóvenes, maestra de intermedios maestra de párvulos y nada mas nunca lograba una posición para trabajar en la Iglesia. Cuando ya terminaron las votaciones y nombraron a todos hermanos con su nueva posición de trabajo en la Iglesia, los llaman al frente para orar por ellos y en ese momento una hermana la cual trabajaría como maestra de intermedios que son los niños de entre ocho y once años de edad, esta hermana dice al Pastor que ella estaría fuera de la cuidad por un mes, y le pide nombrar a una auxiliar para que se haga cargo de los niños durante ese tiempo, y como ya estaban listos para orar el Pastor dice a la Iglesia pues ya es muy tarde para andar haciendo votaciones y ya tenemos que irnos así que…. ¿que les parece si le damos el puesto a la hermanita nueva que para todos los cargos se levanto? pues estamos viendo que tiene el ferviente deseo de trabajar en la obra de Dios. Todos confirmaron aceptarme diciendo amen. ¡Yo quería brincar de gozo! Y en mi mente gritaba emocionada: ¡Voy a ser auxiliar voy a ser auxiliar de maestras! ¡Cuando ellas falten yo trabajare enseñando a los niños la palabra de Dios! En ese momento quería que todas las maestras se fueran de vacaciones, quería trabajar y trabajar en la Iglesia.

Mientras abrigaba a mis niños llega la hermana que saldría de viaje y me da un portafolio con toda la papelería y el material de trabajo para instruir a los niños. Apresuradamente me dice que la están esperando y me da indicaciones de enseñar a los niños el la historia de Moisés, y se retira rápidamente. Al salir de la Iglesia le pedí a mi esposo que me comprara una Biblia de Estudio pues ya tenia un cargo en la Iglesia como maestra, aunque solo era auxiliar pero si me estaban dando la oportunidad de enseñar a los niños. Tenia que hacerlo con toda responsabilidad y conocimiento Bíblico, y ese día compramos una Biblia de estudio especial para Pastores, y me encanto. Ese mismo día empecé a organizar la clase para el siguiente domingo, sentía que cada minuto era valioso y no podía perder tiempo así que tome mi Biblia y busque en el índice el libro de Moisés, y le dije a mi esposo que probablemente esa Biblia no traía el libro de Moisés porque no lo encontraba y mi esposo me dice que busque dentro de la Biblia probablemente por ahí tenia que andar. Me di a la tarea de empezar por el principio e inicie leyendo Génesis y ya era pasada de media noche por lo cual me fui a dormir. Estaba un poco preocupada pues en el índice de la Biblia mostraba sesenta y seis libros y apenas leí el primero y al dormir le pedí a Dios que me ayudara con mi nuevo cargo de maestra aunque nada mas era auxiliar, y que me ayudara a encontrar a Moisés. Y Así me dormí y al siguiente día al abrir la Biblia y al dar inicio al libro de éxodo ¡Encontré a Moisés!

Fue así como inicie el ministerio con los niños, dando un estudio completo de la vida de Moisés su nacimiento, su llamado, las plagas, el éxodo y los diez mandamientos, fueron parte de la primer clase que expuse a los niños de entre ocho y once años de edad. Y después de la exposición de cartulinas y dibujos me aceptaron como maestra de niños y el cargo de auxiliar solo duro ese día. Al mes me dieron el cargo de capitana de niños para entrenarlos en conocimiento Bíblico y llevarlos a competir a una Convención Nacional Infantil lo cual fue una gran bendición. Fue ahí donde se me hizo entrega de una medalla de honor por el trabajo en la educación Bíblica con los niños. Que gran experiencia obtuve al enseñar a los niños, de lo cual le doy gracias a Dios con todo mi corazón por la oportunidad que me dio de servirle y permitirme conocer de su palabra. A los pocos meses inicie preparando a hermanas de la Iglesia para ser maestras de niños y entre las alumnas tenia hermanas que no sabían leer ni escribir pero tenían un ferviente deseo de aprender y trabajar. Por lo cual fue una experiencia maravillosa el trabajar con ellas y otorgar un diploma con los grados mas altos precisamente a una de las mujeres que se destaco en la clase misma que siendo analfabeta logro los grados mas altos de todo el grupo de mujeres. El deseo ferviente de servir a Dios es gratificado por Dios mismo, solo hay que esforzarnos y ser valientes, haciendo a un lado toda duda y luchando por lo que deseamos.

CUARTO TEMA

Sacrificar

10

En su presencia

Llega el momento en la vida de todo creyente en la cual las pruebas se hacen notar y es aquí donde nuestro nivel espiritual debe estar lo mas fortalecido posible pues es donde demostramos quienes somos verdaderamente y hasta donde hemos creído en la provisión divina. Un nuevo ministerio se manifiesta en mi vida gracias a la misericordia de Dios. Estando en la Iglesia se organiza una cadena de oración donde toda la Iglesia estaría comprometida en orar y ayunar. Se hizo una lista donde las personas apuntaban el horario en el cual se comprometerían a orar durante una hora completa, así que esta vez en lugar de levantar mi mano para apuntarme en la cadena de oración decidí pasar desapercibida ya que no sabia orar, me gustaba escuchar a la gente orar pero yo nada mas sabia decir el Padre nuestro y poner a mis hijos y familiares en las manos de Dios y amen. Pero una hermana la cual era un gran líder en la Iglesia decidió que a ella le dejaran las horas que nadie quisiera orar y es que apuntaban de doble persona en un horario así se comunicaban por teléfono y no habría una hora del día sin oración. Yo admiraba a la hermana líder, decía entre mí "esa hermana esta bien ungida mira que dejar las horas de la madrugada para orar y ella solita porque ya no hubo quien se apuntara". Así que a la hermana le correspondieron las horas de cuatro a seis de la mañana y además solita pues no hubo quien tomara ese horario. Entonces la hermana estando en la primera fila de la Iglesia se levanta y dice delante de todos: creo que aun hay alguien que no se ha apuntado en la oración. Yo me asuste, quería derretirme y desvanecerme en la banca para que nadie supiera que no me apunte. Pero que vergüenza sentía al no haber levantado la mano, pero aun así no quería que me apuntaran pues no sabia que hacer. Cuando de pronto mientras yo observaba a la hermana que buscaba entre las filas de las bancas a quienes no se apuntaron, la hermana voltea y mira hasta la banca donde yo estaba y me dice _tu hermanita, la nueva_ y todavía pregunte con una voz temblorosa _Yo?..._ y me dice ¡Si! tu y yo oraremos en la madrugada, en las horas mas pesadas para el cristiano débil pero las mas bendecidas para los ungidos. Como iba a decir que no a la hermana que tenia una voz tan fuerte, misma que era conocida por trabajar los nueve dones del Espíritu Santo la cual yo la veía como si tuviera una vista de escáner , así que acepte orar con ella. Nos comunicaríamos por teléfono. Era muy difícil para mi el simple echo de pensar que cuando mas dormida estaba mi teléfono sonaría para levantarme a orar, y mas difícil aun el orar ¡Dos horas! yo decía si no puedo orar treinta minutos porque ya no se que decir pues se me hacen tan lentos esos segundos parecen minutos y esos minutos se me hacen horas, ¿como orare por dos horas? Eso era algo imposible para mi y además tener que levantarse tan temprano, como iba a desvelarme pues solo dormiría unas cuantas horas, quería hablar con la hermana y disculparme de antemano porque yo sabia que no aguantaría pero al final no pude decir que no. Gracias a Dios que no me negué a orar ya que lo que me esperaba cambiaría notablemente mi vida espiritual. Pues la oración es la conexión directa con Dios, y por medio de ella aprendí a ser sensible a las necesidades de las personas y no orar solo por mi y mis familiares sino por tantas personas que Dios nos ponía en mente para orar por ellas así que aprendí que las oraciones de madrugada tienen algo muy especial. Sentía la presencia de Dios de una manera sobrenatural pues corría un fuego poderoso desde mi cabeza hasta los pies y llegaba el momento donde pasaban las seis y las siete hasta las ocho de la mañana, cuatro horas cuando solo y la hermana y yo no podíamos parar de orar. De verdad que después lo difícil era parar, pues parecía que estábamos sumergidas en un río de bendición donde nuestras manos y nuestra boca tenían una unción especial que si callábamos se detendría y dejaría de fluir esa bendición así que orábamos por todas las personas que el Espíritu Santo ponía en nuestra mente y no queríamos dejar a nadie sin esa hermosa declaración de bendición.

11

Atando y desatando

Apocalipsis 3:16
**Pero por cuanto eres tibio, y no frío ni caliente,
te vomitaré de mi boca** *Reina Valera (1960)*

Así pasaron semanas y orábamos la hermana líder y Yo durante las madrugadas de un frio invierno. Y un día estando dentro del poderoso fuego del Espíritu Santo que nos llenaba de su bendición, una llamada estaba tratando de entrar y la hermana me pidió que yo continuara con la oración. Ella contestó la llamada sin cortar la mía así que conecto las tres llamadas y mientras yo oraba la hermana preguntaba por el nombre de la persona que estaba en la línea, pero se empezaron a escuchar gritos extraños con una voz gruesa y es cuando escuche a una mujer que estaba siendo atormentada por demonios. La hermana me dijo ora junto conmigo ¡reprende! ¡Ata a los demonios! yo no sabia que hacer y escuche a la hermana atar y echar fuera demonios y escuche como la mujer que estaba en la línea tosía y vomitaba hasta que ya se calmo. Entonces la hermana le pregunta que fue lo que sucedió y ella responde diciendo que se le hizo fácil ver una película de terror abrazada a la Biblia. Eso no se debe hacer, no puedes pretender buscar unos momentos de Dios y en otros momentos al diablo. La palabra de Dios nos muestra como la tibies espiritual es terrible pues es como la hipocresía, y a nadie le gusta la gente hipócrita. Por lo cual debemos estar bien seguros de quienes somos y con quien estamos. Ese día aprendí a orar atando demonios. La líder me enseñó mas a detalle el tema de los dones espirituales y de como hay tanta gente que tiene los dones y no los trabaja y peor aun cuando ese don es el de discernimiento de espíritus y puedes ver un mundo sobrenatural y si no sabes que hacer cuando vez demonios y ellos se dan cuenta de que tu los puedes ver, trataran de afectar tu vida, por lo cual debes estar estudiando y buscando cada día mas de Dios. Los testimonios nos ayudan mucho, ese día decidí decirle a la hermana que yo podía ver demonios y le di mi testimonio lo cual me daba mucha vergüenza y no lo compartía por temor a que pensaran que no debería estar en una Iglesia ya que me sentía avergonzada por la participación que tuve en el ocultismo, pero no sabia que guardar algo que te avergüenza y hace sentir mal te afecta de tal manera que no tienes la libertad que necesitas. Pues cuando eres libre de esas ataduras incluyendo los recuerdos, puedes ayudar a más personas que están padeciendo o sufriendo la misma situación que tú viviste. Nuestra tarea es ser de bendición compartiendo del evangelio, hablando del perdón de los pecados por medio de Jesucristo. Pues El murió por nosotros para perdón de nuestros pecados y para darnos vida en abundancia y podamos vivir una vida en libertad. Jesús nos dio autoridad para atar demonios que lastiman la vida de muchas personas, cancelar maldiciones y romper toda atadura demoniaca. Así mismo también se nos fue dada autoridad para desatar las bendiciones que se nos habían robado las cuales estaban siendo detenidas. Solo tienes que reconocer tu lugar como hijo de dios y levantarte a tomar lo que te pertenece y romper todo yugo en el poderoso nombre de Jesucristo. Jamás olvidar que el poder lo tenemos por medio de nuestro Señor Jesucristo pues como ya muchos saben quien se levanta a tratar de atar demonios bajo otros nombres solo termina azotado y torturado por esos demonios ya que la potestad esta en el poderoso nombre de Jesús. Y tenemos una lucha continua contra los que maldicen el día tal lo habla el libro de Job. Por lo que nuestro deber es bendecir y cancelar maldiciones proferidas, pues el cristiano no debe estar dormido sino alerta en todo tiempo y lleno de la presencia de Dios para que el día que Cristo venga nos encuentre preparados para ser tomados y llevados a esa gran boda del cordero.

Lo que aprendí esos días de intensa oración y ayuno me ayudaron tanto cuando estaba estudiando una carrera técnica de Terapia física y enfermería, pues un día mientras la Doctora preguntaba los nombres de los estudiantes y su propósito para estudiar esas carreras una de las estudiantes siendo una mujer que pasaba lo cuarenta años compartió que ella no estaba ahí porque le gustara sino por obedecer a sus superior religiosos quienes le habían mandado a estudiar en esa escuela. Cuando escuche eso entendí porque ella evitaba estar cerca de mí y se mantenía aislada y callada ya que con nadie hizo amistad. Así que mientras una compañera de clase y yo hablábamos al respecto decidimos estar atentas a lo que ella hiciera pues había algo muy extraño en su actitud. Llegando el tiempo de las practicas en clínicas de cuidado para adultos de la tercera edad nos asignaron varios cuartos para atender a los pacientes así que a mi amiga y a mi nos pusieron juntas pues tenían que ir de dos en dos. Pero aquella solitaria mujer pidió que le dejaran trabajar sola ya que eso le permitía concentrarse y hacer mejor su trabajo y ese día solo éramos diecinueve estudiantes por lo cual le pudieron dar el derecho de trabajar sola. En la hora libre que nos dieron a mi amiga y a mí decidimos ir a ver donde estaba aquella mujer y la encontramos entrando rápidamente a los cuartos y hacer una horrible oración de maldición sobre las personas y al salir de esa habitación mi amiga y yo empezábamos a cancelar las maldiciones y así la seguíamos e íbamos revocando todo su maldigo trabajo. No podíamos denunciarla ya que ella lo hacia muy discretamente y lo hacia mientras llevaba a cabo su trabajo de acomodar al paciente y suplir los artículos necesarios en los cuartos, sus oraciones eran rápidas y con voz muy callada aunque sus movimientos en sus manos y brazos parecían espolvorear algo sobre la gente. No había nada físico soltado sino que todo era espiritual así que lo único que podíamos hacer era cancelar maldiciones, atar demonios y bloquear con la oración y sus conjuros. Es muy necesario que se visiten los hospitales y centros de cuidado para adultos aunque hay un límite de autorización se pueden obtener permisos y aun permisos de los familiares para orar por los pacientes. Si no puede acudir a orar a los hospitales entonces siempre tenga presente a todos esos pacientes en sus oraciones y además de orar por sanidad ore cancelando toda maldición, brujería y hechicería ya que muchas personas están bajo esa opresión maligna. Tenemos poder en el nombre de Jesucristo para cancelar y atar todo demonio en el nombre de Jesús y para declarar todo tipo de bendición en el nombre que es sobre todo nombre JESUCRISTO.

12

La Doble unción

El tiempo pasaba rápido y yo seguía muy feliz trabajando en la Iglesia pues ya tenia ocho meses congregándome y sirviendo como maestra de niños y encargada de los servicios infantiles.

Cuando un día mientras dormía tuve un sueño en el cual Satanás me amenazaba diciéndome que no podía haberle servido y después habérmele ido, ya que tomaría venganza de mi acción y me dijo que yo pagaría muy caro el haberlo dejado. Yo lo reprendía en el sueño y sin embargo el seguía hablando y se acercó a mi hija de dos años de la cual yo estaba embarazada cuando acepté a Cristo como mi salvador. Y cuando satanás se acerca a mi hija me dice que en ella se vengaría de mí, y vi como se introducía en el cuerpo de mi hija. Era como si se desvaneciera y se fue introduciendo por su boca, entonces yo le gritaba reprendiéndole y le decía que él no tenia ningún poder para acercarse a mi familia que ahora yo le servía a Cristo. Pero él seguía introduciéndose en mi hija, y ella empezó a gritar y a torcerse como si tuviera un fuerte dolor. Yo me sentía desesperada por no poder hacer nada y los gritos de mi hija eran cada vez más fuertes y su cuerpo se torcía con más fuerza. Ella empezó a sacudirse y mientras ella gritaba yo reprendía a satanás y de pronto desperté. Y al abrir los ojos mi corazón palpitaba apresuradamente y estaba muy agitada. Pero los gritos aun los seguía escuchando. ¿Que esta pasando? ¿Quién grita tan horrible? Y salté de la cama y corrí al cuarto de mi niña y ahí estaba torciéndose como en el sueño. Yo la tome y queriendo calmarla y ella más se agitaba. Mi hija empezó a rasguñarse el cuello diciendo palabras obscenas y que odiaba a Jesús. Yo estaba atónita a lo que estaba viendo, sentía ganas de llorar por lo que veía y al mismo tiempo tomaba fuerza para luchar y no dejarme caer, empecé a reprender y lavaba la cara de mi hija con agua fría. Después de unos momentos mi hija se calmo. Yo abrace a mi niña, y me sentía tan culpable de lo que le estaba pasando. Ya que mi hija estaba calmada y almorzando junto con sus hermanas, me fui a orar. Y en esa oración le suplique a Dios que me ayudara, que no permitiera que satanás hiciera nuevamente lo mismo. Lloré y supliqué con todo mi corazón. A la semana llegaron un grupo de reconocidos evangelistas a la Iglesia por lo cual se organizó una campaña de tres días. Unas hermanas de la iglesia me dijeron que esos servicios eran gloriosos y que el poder de Dios se manifestaba de una manera sobrenatural. Así que ese día le pedí a una hermana que se hiciera cargo de los niños para poder estar presente en la predicación y la ministración. Y todo fue como la hermana me había dicho. La predicación fue hermosa y mientras estaba la ministración yo tenía mis manos levantadas adorando a Dios. De pronto sentí que alguien estiro mi mano y al abrir los ojos era una de las hermanas que atendían a los niños y me dijo que mi hija estaba gritando y no podían callarla. En ese momento salí casi corriendo y tenían a mi hija en el baño tratando de calmarla. Ellas pensaban que algún niño le había hecho algo y trataban de hablar con ella y le preguntaban si algo le dolía. Yo tome a la niña inmediatamente en mis brazos y salí de la Iglesia dirigiéndome al estacionamiento, sentía que entre mas lejos estuviera de la Iglesia era mejor para que nadie escuchara las barbaridades que mi hija decía. Yo estaba tan asustada, tenia tanto miedo de que fueran a hacerle daño a mi hija, ya sea criticándola o juzgándola pues nadie sabia que era una guerra que el diablo me había declarado y temía que nadie creyera. Pero de pronto uno de los evangelistas salió de la Iglesia y cuando escucho los gritos se vino a ayudarme pues mi hija se torcía con fuerza y me era difícil sostenerla ya que sus fuerzas eran como de un adulto. De pronto ya tenia alrededor de mi a más de diez personas y todas reprendían al demonio, pero los gritos de mi hija eran más fuertes y se empezó a rasguñar la cara. Y en cuestión de segundos mi hija dejo de gritar y se acurruco en mis brazos pero cuando vi sus ojos torcidos hacia un lado con una horrible mirada, me di cuenta de que el demonio seguía ahí, aunque los hermanos pensaban que ya se había ido. Pero no era así, ya que el demonio guardo silencio porque el predicador se estaba acercando y cuando llego frente a nosotros toco a mi hija y ato al demonio, mismo que desde entonces no volvió a molestar a mi hija. El predicador me dijo que yo había echo un pacto con satanás tenia una puerta abierta por lo cual estaba cobrándome el haberle dejado. Yo estaba asustada y rápidamente le dije al predicador que ese pacto lo había hecho cuando tenía catorce años. El me dijo que tenía que cerrarle las puertas al diablo y tenia que enfrentarlo y decirle que le prohibía acercarse a mi familia. Y así se fueron todos a la Iglesia. Cuando entré al templo fui hacia mi esposo quien estaba alabando a Dios y no se dio cuenta de todo lo que sucedió, así que le pedí que sostuviera a mi hija.

Los sucesos que ya había vivido me enseñaron que las cosas no se deben dejar para después así que decidí cerrarle las puertas al diablo en ese mismo día y en ese mismo momento.

Por lo que me puse de pie en medio del pasillo de la iglesia que daba directamente al altar, y le pedí a Dios que me tomara de la mano y me ayudara pues me daba vergüenza que la gente supiera lo que hice en el pasado. Y en ese momento sentí una fuerza sobrenatural en mi vida la cual me dio la valentía para no importarme lo que las personas pensaran de mí, pues al fin que había sucedido en el pasado y ahora le servía a Cristo Jesús. Le dije Dios: no me sueltes mi Señor Jesús hoy quiero cerrar todo trato que hice en el pasado con satanás. Así que me dirigí directamente al altar y mientras algunos oraban y otros danzaban, yo empecé a gritarle a satanás y le dije que cancelaba todo pacto que había hecho con él y le prohibía acercarse a mi familia. Le dije también que mi Señor Jesucristo estaba conmigo y jamás me dejaría.

Ese día recibí liberación, fue la segunda vez en mi vida que tuve que enfrentar al diablo pero con la diferencia de que esta vez iba tomada de la mano de mi Señor Jesucristo.

El predicador se acercó a mí y me dijo que levantara las manos puesto que Dios le había indicado que ese día además de la liberación también seria ungida y vertió el aceite sobre mi cabeza. Yo caí y lloré, me sentía llena de bendición. Y minutos mas tarde el evangelista me manda llamar para ungirme nuevamente pues fue lo que Dios le dijo, y al momento que se dispuso a verter el aceite en mi cabeza su brazo se detuvo y él asombrado dijo: Dios me esta diciendo que esta segunda unción no será de mi mano sino directamente de Dios. Entonces un aceite empezó a caer en mi cabeza y corría por mi cara y seguía corriendo por mi cuerpo, el evangelista estaba alabando a Dios porque era Dios quien estaba vertiendo el aceite que descendía. Segundos después recibí palabra de Dios diciéndome: *Hoy recibes una doble unción, te he ungido por fuera ahora también te ungiré por dentro y ungiré tu corazón*. Ya no supe que paso pues caí como desmayada y por un tiempo estuve en el piso, no podía pararme. Cuando me venían a ayudar volvía a caer y también las hermanas que intentaban ayudarme caían bajo el poder de Dios. La unción era tan fuerte que llenaba todo el lugar y fue hermoso el momento que vivimos en ese día donde no podíamos ponernos de pie a causa de la unción.

Dios ha tenido gran misericordia de mi vida, que grande es su amor, que grande su bondad, mi Señor me bendijo de una manera sobrenatural. Sin él nada fuera, tal vez ni siquiera existiera, pero a mi Señor amado le plació darme esa bendición y solo puedo agradecerle dándole todo mi amor, alabanza y adoración. Y ahora escribo este libro donde hablo de las grandezas que mi Señor ha hecho en mi vida y agradeciéndole con todo mi amor y deseando ser de bendición. Pero sobre todas las cosas para que su Santo y Bendito nombre sea glorificado. Amen.

Santiago 4:7-10 Reina-Valera 1960 (RVR1960)
**Someteos, pues, a Dios; resistid al
diablo, y huirá de vosotros.
Acercaos a Dios, y él se acercará a vosotros.
Pecadores, limpiad las manos; y vosotros los de
doble ánimo, purificad vuestros corazones.
Afligíos, y lamentad, y llorad. Vuestra risa se
convierta en lloro, y vuestro gozo en tristeza.
Humillaos delante del Señor, y él os exaltará**

QUINTO TEMA

Declarar

Amado, yo deseo que tú seas prosperado en todas las cosas, y que tengas salud, así como prospera tu alma. 3 Juan 1:2 (Reina-Valera 1960)

13

¡Declaro prosperidad!

La prosperidad económica es un tema que a mucha gente le gusta escuchar sin embargo también hay personas a las que les disgusta hablar del tema ya que ven el dinero como una maldición. Hay quienes hasta aseguran que es mejor ser pobre que rico, y hacen hincapié en la palabra que nuestro Señor Jesucristo cito al decir que era mas fácil que un camello pasara por el ojo de una aguja a que un rico entrara en el reino de Dios. Sin embargo no toman en cuenta el porque Jesús hablo así, y que es lo que enseñaba con esas palabras. Cuando pensamos de esa manera el diablo trae confusión a las personas haciéndoles sentir mal si llegan a tener mucho dinero, así mismo toman el texto bíblico: no se puede servir a dos señores, y piensan no puedo tener a Dios y tener dinero. He aquí un gran error pues si así fuera no deberían traer ni siquiera un billete de dólar o un centavo en su bolsa pues dinero es dinero sin importar si es un billete de Dólar o uno de cien dólares.

Una hermana vino a mi y me dijo que tenia tanto miedo de ser rica porque ella sabia que el dinero era la raíz de todos los males, "Pero hermana!" le dije yo, "que a caso no leyó bien la Biblia?" ahí dice: El amor al dinero, lo cual se refiere a la gente que ama el dinero mas que a todo, por lo cual habla la escritura que entre las obras de la carne esta la avaricia, la cual no permite que las personas amen y deseen la prosperidad de las demás personas. Es ahí donde vemos a gente aprovechada que maltrata y roba a sus trabajadores con el fin de hacer cada día más dinero. Hay quienes niegan un pan a su familia porque no quieren gastar su dinero y desean cada día tener mas y mas, y amontonan dinero y riquezas que jamás les sirven para ser felices. Siempre tiene miedo de la gente que les rodea, su avaricia los ciega y desconfían de todas las personas. Hay quienes enloquecen por su dinero, que antes de morir lo queman para que nadie tome lo que les pertenecía. Otros que jamás se llenan nunca se sacian siempre quieren mas y mas dinero, y otros malgastan en placeres que conducen a la muerte. Pero ¿Que de aquel que desea trabajar para dar lo mejor a su familia? ¿Y aquel que separa gran parte de sus ganancias para sembrar en buena tierra,? ¿Y que me dice del que ayuda a su prójimo? ¿Y que con el rico que apoya a la propagación del evangelio? pues sabemos que todo requiere gastos, y que es una gran bendición que en el pueblo de Dios cuente con gente rica con un corazón humilde, dispuestos a servir a Dios. Una cosa le puedo asegurar, que esa gente rica es de bendición en la iglesia y en muchos lugares, y por consecuencia cada vez será mas rica ya que Dios prospera y añade cada vez mas pues multiplica hasta el ciento por uno, porque siembra en buena tierra y siempre tendrá buen fruto. Así que la prosperidad es para todo aquel que desea ser prospero, que confía en Dios y pide sabiduría para su negocio o su trabajo. porque cabe mencionar que Dios bendice a toda la gente tanto al empresario cómo también da bendición a los empleados para que sean buenos trabajadores y den testimonio a sus jefes del buen comportamiento honradez y responsabilidad que tiene un hijo de Dios. Porque no podemos generalizar y mucho menos afanarnos. Siempre habrá jefes y siempre habrá empleados pero la decisión es personal cada quien decidirá en donde estar y para eso se requiere esfuerzo convicción y disciplina. Cada quien decide quien quiere ser, donde quiere estar y hasta donde quiere llegar. Pero es sumamente importante el declarar la palabra de bendición sobre su vida el decírselo usted mismo y decirlo a su familia declarando las bendiciones en su vida. Empiece a declarar quien y que es lo que desea usted ser y cual es el propósito por lo cual desea serlo. Pero tome en cuenta estos consejos que encontramos en la Biblia los cuales ayudaran a su prosperidad.

*No se enamore del dinero ya que a ese sentimiento se le ha dado el nombre de avaricia, y las personas que se entregan a esa pasión por acumular dinero suelen perderse en su pecado. Trabajan únicamente para acumular, aunque jamás disfrutan lo que tienen y siempre están a la defensiva pensando en que alguien quiere robarles su preciado tesoro, y por lo general terminan solas.

1 Timoteo 6:10
Reina-Valera 1960 (RVR1960)
Porque raíz de todos los males es el amor al dinero, el cual codiciando algunos, se extraviaron de la fe, y fueron traspasados de muchos dolores.

*Algunas personas acumulan grandes fortunas a causa de fraudes y mentiras, robando y extorsionando poniendo su confianza en el dinero, cuando éste desaparecerá de sus manos con la misma rapidez con que lo tomaron. Y pagando por lo que han hecho pues todas las cosas tarde que temprano salen a la luz y quedan al descubierto.

Salmos 62:10
Nueva Versión Internacional (NVI)
**No confíen en la extorsión
ni se hagan ilusiones con sus rapiñas;
y aunque se multipliquen sus riquezas,
no pongan el corazón en ellas**

*Cuando una persona concentra la mayor parte de su tiempo en trabajar y acumular riquezas no importando el alejamiento de Dios que esto implique y así mismo ha perdido toda comunión, adoración, alabanza, oración y lectura, automáticamente ha hecho del dinero su dios y señor ya que vive para él y solo piensa en él y tomando como excusa que lo hace para que su familia sea prosperada, no se da cuenta de que ahora su nuevo dios se encargara de su familia y ese nuevo dios es la raíz de todos los males.

14

El anzuelo

24 Ninguno puede servir a dos
señores; porque o aborrecerá
Al uno y amará al otro, o estimará al
uno y menospreciará al otro.
No podéis servir a Dios y a las riquezas.
Mt. 6:24 Reina Valera 1960
25 Más fácil es pasar un camello por el ojo de
una aguja, que entrar un rico en el reino de
Dios. Marcos 10:25 Reina-Valera 1960

El anzuelo que mas le ha estado funcionando al diablo para hacer que el Cristiano se aleje de sus responsabilidades en la Iglesia es precisamente enamorándose del dinero. Cuando muchos dejan el camino de Dios a causa de una gran oportunidad económica a la cual muchos llaman una gran bendición siendo esto una gran mentira. Satanás disfrazara esa trampa como bendición por lo cual debemos de orar en todo tiempo por toda oferta y propuesta de trabajo para que Dios sea quien guíe y dirija a un buen camino. Pensemos por un momento ¿A caso Dios entregara a una persona un gran trabajo en donde esa persona se vea obligada a no buscar de Él? ¡Claro que no! Dios tiene cuidado de nosotros y siempre tiene la bendición que necesitas y ha prometido suplir toda necesidad y cuando el nos bendice somos felices recuerden que: **La bendición de Jehová es la que enriquece, Y no añade tristeza con ella. Proverbios 10:22**

Siempre se debe ser cauteloso y tener cuidado al momento de elegir las amistades, hay que observar muy cuidadosamente el comportamiento de las personas ya que algunas a primera vista se ven muy diferentes de quienes en realidad son. Muchas veces se termina deseando ser como aquella persona exitosa sin saber que precio tuvo que pagar para llegar al éxito. Y lamentablemente al ir siguiendo sus pasos ven que no fue bueno lo que hizo, por lo cual se tiene que tener mucho cuidado para no terminar siendo igual o peores que ellos o simplemente el evitar terribles decepciones que se pudieron haber evitado.

El que recibió la semilla que cayó entre espinos es el que oye la palabra, pero las preocupaciones de esta vida y el engaño de las riquezas la ahogan, de modo que ésta no llega a dar fruto. Mateo 13:22 Nueva Versión Internacional (NVI)

Tristemente vemos como el amor al dinero cambia radicalmente a muchas personas, se han visto hijos que después parecieren tener demencia olvidando a sus Padres ya que no les conviene que sus nuevas amistades conozcan a sus familiares. Terminan rodeándose de personas egoístas.

Cierta ocasión una hermana de la Iglesia se acerco a mi para pedirme oración ya que su corazón estaba tan quebrantado a causa de haber salido de su casa muy temprano para caminar varias cuadras para llegar a la

Iglesia, y a mitad de camino se encontró a su hija la cual solo bajo el vidrio para saludarle y la hermana dirigiéndose a la puerta del auto para que su hija la llevara a la Iglesia, ella le podio que no entrara al auto porque estaba recién aspirado y aromatizado y no quería que el sudor que escurría de su madre fuera a perturbar la fragancia de su auto por lo cual le dijo que solo se detuvo para saludarla y que por favor no se sintiera ofendida pero tenia un compromiso con sus amigas, y para ver que era buena le dio un billete de baja denominación para que ofrendara en la Iglesia. Como si Dios necesitara de su dinero, expreso la hermana muy afligida y decepcionada de su hija. Mientras la hermana me decía todo esto con lágrimas en sus ojos, sentí una contracción en mi garganta. Yo estaba sorprendida de lo que estaba escuchando y la hermana me decía que desde que su hija encontró ese trabajo donde se rodeo de gente antipática, arrogante, egoísta y soberbia, su hija se fue haciendo como ellos. Y ahora la veía tan afanada por ganar más dinero porque cada vez quería más. Y ha visto como siempre anda de mal humor y evita convivir con la familia pues pareciera que ahora su familia son sus amigos.

Es de suma importancia cuidar de rodearnos con personas afanadas y arrogantes las cuales no muestran piedad y hasta el amor a sus Padres y familia suelen olvidar. Dice la palabra de Dios: con esas personas ni te metas. Y lo dice así por el hecho de que no te amistes con ellos ya que siempre habrá una tendencia a seguir a alguien lo que significa o ellos se hagan como tu o tu termines siendo como ellos.

2 Timoteo 3:1-5
Nueva Versión Internacional (NVI)
Ahora bien, ten en cuenta que en los últimos días vendrán tiempos difíciles. La gente estará llena de egoísmo y avaricia; serán jactanciosos, arrogantes, *blasfemos,

desobedientes a los padres, ingratos, impíos, insensibles, implacables, calumniadores, libertinos, despiadados, enemigos de todo lo bueno, traicioneros, impetuosos, vanidosos y más amigos del placer que de Dios. Aparentarán ser piadosos, pero su conducta desmentirá el poder de la piedad. ¡Con esa gente ni te metas!

15

Los billetes que aparecen

Cierta ocasión traía conmigo un sobre en el cual tenia el dinero de un cheque que cambie en el banco. Había en aquel sobre aproximadamente doscientos dólares en billetes de veinte dólares. En esa ocasión un evangelista había venido a predicar en la Iglesia, así que después de dar los diezmos y ofrenda guarde el sobre en mi bolsa. Al terminar el servicio se pidió una ofrenda especial para el evangelista y tomé el sobre del dinero, mis hijos estaban observando y tome cien dólares sabiendo que me quedaban solo tres billetes de veinte dólares. Entonces mis hijos me dijeron cuanto vas a dar mami y les dije cien dólares pero van a ver como Dios multiplicara este dinero. Oramos por la ofrenda y declaramos multiplicado al ciento por uno las ofrendas que se habían depositado. Tome el sobre declaramos esa bendición y puse el sobre con el dinero restante en medio de mi cartera, así salimos de la Iglesia. Los niños me pidieron dinero para comprar algunos helados y yo metí mi mano a mi cartera y sin verla abrí el sobre que estaba dentro y tome un billete. Después nos fuimos a casa y necesitábamos ir a comprar algo de comida al supermercado y nuevamente metí la mano a la bolsa sin ver mi cartera solo la abro y abro el sobre y tome otro billete de veinte dólares, pero me hacia falta mas dinero para completar y nuevamente metí mi mano y tome otro billete. De ahí nos dirigimos a la gasolinera y sin ver dentro de mi bolsa introduje mi mano busque el sobre en la cartera y lo abrí tomando 2 billetes de veinte dólares. Mis hijos estaban siempre a la expectativa cada vez que yo metía mi mano a mi bolsa y ellos venían a ver que pasaría. Veía sus caras tan emocionadas y maravilladas de ver como seguía sacando billetes. Una de las niñas se acerca a mí y me dice: Mami necesito dinero para unos útiles escolares, metí mi mano a la bolsa y nuevamente saque otro billete de veinte dólares. Al siguiente día en la escuela a otra de mis niñas le pidieron llevar veinte dólares para el viaje que harían al zoológico y después a comer así que volví a meter la mano a la bolsa y tome otro billete de veinte dólares. De esta manera se suplieron las necesidades que había en mi casa durante más de una semana, cada día continuamente seguíamos sacando billetes de veinte dólares. Mis hijos estaban muy felices y saltaban de gozo cada vez que sacaba otro billete Y cada vez que tocaba el sobre podía palpar la gran cantidad de billetes apretados dentro del sobre.

Mis hijos nunca han olvidado esa hermosa experiencia y es así como mis niños le llamaban, el sobre que no paraba de dar billetes de veinte dólares. Cuando mi Esposo recibió un contrato de trabajo, cesaron los billetes. Sinceramente desde que declare la palabra de multiplicación decidí no pensar en ningún momento como es que Dios obraría en la multiplicación. Jamás imaginé que los billetes de veinte dólares estarían apareciendo continuamente en el sobre, y mientras mas billetes sacaba trataba de no pensar en como es que sucedía. No quería que mi razonamiento tomara el control, pues sabia que afectaría la fe.

Nos gozamos en gran manera pues Dios jamás nos dejó, El siempre suplió todas nuestras necesidades poniendo todos esos billetes en el sobre de mi cartera. Dios es fiel y verdadero y en su palabra dice ¡Probadme ahora!

Traed todos los diezmos al alfolí y haya alimento en mi casa; y probadme ahora en esto, dice Jehová de los ejércitos, si no os abriré las ventanas de los cielos, y derramaré sobre vosotros bendición hasta que sobreabunde. *Malaquías 3:10 Reina Valera 1960*

Es asombroso como Dios nos reta para que podamos ver la grandeza de su misericordia, su bondad y lo grande que es su amor hacia nosotros. Siempre esta dispuesto a bendecirnos ya que jamás se cansara de darnos. Hay muchas personas inseguras de las bendiciones y promesas ya que aunque crean en ellas piensan que no son para ellas y que Dios ama mas a unas personas que a otras y que le place tener a sus hijos en pobreza. Pero como es posible pensar así, si en su palabra nos muestra como él tiene cuidado de todos nosotros. Siempre esta al pendiente y nos habla de como si nosotros siendo malos nos esforzamos por dar lo mejor a nuestros hijos imaginémonos cuanto es lo que nuestro Padre celestial Dios bueno todo poderoso podrá darnos siendo nosotros sus hijos.

Lucas 11:9 *Reina-Valera (1960)*
Y yo os digo: Pedid, y se os dará; buscad, y hallaréis; llamad, y se os abrirá. Porque todo aquel que pide, recibe; y el que busca, halla; y al que llama, se le abrirá.

¿Qué padre de vosotros, si su hijo le pide pan, le dará una
piedra? ¿O si pescado, en lugar de pescado, le dará una
serpiente? ¿O si le pide un huevo, le dará un escorpión?
Pues si vosotros, siendo malos, sabéis dar
buenas dádivas a vuestros hijos,
¿Cuánto más vuestro Padre celestial dará el
Espíritu Santo a los que se lo pidan?

16

Con la fe de un niño

Trabajar con niños ha sido la experiencia más gratificante dentro de los ministerios que Dios me ha permitido desarrollar ya que aprendí tanto de ellos. Una Hermosa característica de un niño es el saber perdonar y olvidar, en lo cual algunos adultos tienen problemas. Cuando los niños se perdonan vuelven a jugar con gran alegría, no habiendo importado si su pleito sucedió unos cuantos minutos antes. Retoman su juego y se divierten conviviendo pues no han sido dañados con el orgullo ni el rencor. Otra de las características especiales que me llaman tanto la atención de los niños es ver una fe genuina. Cuando les leía la biblia y les predicaba la palabra de Dios veía sus miradas impresionadas cuando les compartía temas de los Milagros de Jesucristo.

Al leerles acerca de David cuando venció a Goliat, ellos abrían sus ojos con gran admiración y exclamaban sonidos de sorpresa. Algunos se ponían de pie y hacían el movimiento de David al lanzar la piedra usando su onda. Lo más hermoso era ver sus caritas inclinadas orando por las peticiones de los demás niños. De verdad que disfruté y aprendí tanto trabajando con ellos.

El llevar a cabo los servicios infantiles siempre fue de gran bendición pues cada servicio infantil un niño predicaba la palabra de Dios y otro se encargaba de dirigir la alabanza. Ahí podía ver a mis pequeños hermanitos en la fe, desempeñando sus ministerios a temprana edad. Cuando se trataba de cerrar el servicio con la oración de las peticiones, podía ver las caritas afirmando la sanidad y Milagros en las familias. Vi la fe que un niño tiene en Dios.

Mi tercera Hija (Misma que fue atormentada por un demonio cuando apenas tenia dos años) empezó a predicar a los cuatro años de edad. Sus bosquejos eran dibujos en unas hojas de un cuaderno, así ella sabía lo que procedía en su predicación. Al terminar, se encargaba de la oración y se dirigía a los Padres de familia atando todo demonio, cancelando maldiciones y declarando sanidad en el nombre de Jesús. Un día la invitaron a predicar en una radio difusora donde el esposo de una Hermana de la Iglesia estaba renuente a pedir oración pues él no deseaba nada que tuviera que ver con Dios. Ese día el se sentía muy mal pues su pierna estaba a punto de ser amputada ya que la llaga que tenia estaba demasiado infectada y no podía sanar. Su esposa subió el volumen de la radio y mi niña empezó a orar declarando sanidad no importando cual fuera la enfermedad y aferro la oración dirigiéndose a una persona que padecía un problema en su pierna. El esposo de aquella mujer escucho la oración y fue sano. El siguiente domingo asistieron a la Iglesia y dieron testimonio de lo que había sucedido.

En una ocasión buscábamos un terreno o casa para comprar y cuando pasamos por una calle le dije a mi esposo que el terreno de esa esquina me gustaba. Entonces los niños empezaron a orar y a declararlo nuestro terreno. A la siguiente semana vimos que ya lo habían vendido y sentimos que los niños se entristecerían al saberlo por lo cual no les dijimos nada. Pero una tarde al pasar frente al terreno ya estaba una casa edificada casi terminada y los niños se levantaron de sus asientos y se emocionaron diciendo, "¡Si! ¡Ya están hacienda nuestra casita nueva!" Mi esposo y yo nos volteamos a ver y no dijimos ni una sola palabra. Días mas tarde vimos que colocaron un anuncio de venta en esa casa. Así que decidimos preguntar y aplicar para un préstamo en un banco. Un par de meses mas tarde, ya estábamos viviendo en la casita nueva como le llamaban nuestros hijos. Así fue la fe la que hizo que se hiciera realidad el deseo de mis hijos, pues pidieron con fe.

Una vez estando en un seminario para mujeres, una hermana daba testimonio de como Dios la bendecía tanto y como la consentía. Ella testificaba diciendo que su infancia fue muy difícil. Su padrastro la golpeaba y jamás tuvo una muñeca ni estreno zapatos. Decía que ahora que sirve a Dios en el ministerio es muy bendecida. Nos relataba que en cierta ocasión vio unos hermosos zapatos que costaban más de cien dólares. A los cuantos días de verlos, una hermana dijo que Dios le hizo sentir que la invitara de compras y que le diera doscientos dólares para que se comprara ropa y zapatos. Así que la hermana fue y se compro esos zapatos que tanto le habían gustado. Entonces, la hermana que estaba a mi lado me dice muy molesta que se sentía indignada al escuchar tal tontería. Decía que habiendo tanto niño pobre, esa mujer se compro zapatos de cien dólares como si Dios fuera un Dios que cumple caprichitos. Yo no conocía a esa hermana que con tanta confianza se puso a hablar mal del conferencista. Le respondí que Dios es muy consentidor y dadivoso. Es el padre más amoroso y complaciente que cualquier persona pueda tener y que se complace en bendecir a sus hijos en todo aspecto. Además, Dios es amor y nos capacita para amar y ser de bendición a todos, tanto pobres o ricos debemos de amarlos y hacer el bien. La mujer de inmediato se levanto y se fue a sentar a otra silla. La verdad es que hay tanta gente que piensa así y me acorde de Judas que estaba lleno de avaricia y se molesto cuando enjuagaron los pies de Jesús con el costoso perfume. Si hay cosas que no entendemos, solo hay que pedir sabiduría y Dios la dará. Así se entenderán las maravillas de las que mucha gente se pierde por no adquirir sabiduría. Pide con todo tu corazón, no para presumir, ni jactarte, ni sentirte superior a los demás, sino porque realmente quieres usar algo que te gusta. No es prioridad, sino un regalo que Dios te puede dar. Se feliz porque Dios te quiere ver feliz como el niño que pide un regalo y lo disfruta y abraza a su Padre agradeciendo por lo que le ha dado.

17

Preparen su equipaje

Nuevamente, aplicando la fe que nos permite ver lo que pedimos, primeramente creyéndolo. Por lo que en esta ocasión ya mis hijos estaban creciendo y tenían nuevas inquietudes. Pero imagínense a siete niños pidiendo unas divertidas vacaciones y más cuando te piden en el momento en el que estas pasando por una crisis económica. Para mi esposo y para mi las fechas de las vacaciones de verano eran temporadas donde nuestros negocios tenían un poco de perdidas ya que la mayoría de las personas planean sus vacaciones en esas fechas. Por lo cual sus gastos están mas limitados para invertir en alguna estructura metálica o en productos de nutrición lo cual era donde mi esposo y yo nos desempeñábamos para el sustento de la familia. Así que a nosotros nos era difícil disponer de grandes cantidades de dinero para hacer un viaje. Mis hijos querían salir de vacaciones y querían ir a Orlando Florida al tan famoso parque de diversiones. Yo les había prometido que sus siguientes vacaciones se divertirían a lo grande y llego el mes Mayo y mis hijos sabían que estaban muy cerca de salir de vacaciones de la escuela y el día 30 ellos muy emocionados hicieron su equipaje. Como muchos, ya saben cuando le prometes algo a un niño, te lo pedirá todos los días. Así paso cada día después de Mayo y luego Junio, y luego Julio y los niños ya me preguntaban con un diferente tono de voz,

¿Mami, es verdad que vamos a ir de vacaciones? ¡Claro que si! les respondía.

A orar y orar pidiendo a Dios que supliera. Mi esposo me dijo que la camioneta no estaba en condiciones para hacer ese viaje pues eran más de 26 horas de camino. Los niños escucharon y se entristecieron y le dije a mi esposo, "¿Y si compramos una camioneta nueva?" Los niños empezaron a brincar emocionados diciendo "¡Si Papi!" Pero mi esposo no contestó nada en ese momento. Paso el mes de Julio y para el 14 de Agosto, todos teníamos el equipaje listo. El día 22 de Agosto entraban a clases. Mi Esposo estaba trabajando en San Antonio, era un trabajo muy grande pero se había detenido todo por las vacaciones. En eso entra una llamada y era el dueño de la empresa a la que mi esposo le hizo el trabajo y mientras mi Esposo hablaba con el por teléfono, sentí la presencia de Dios diciéndome que ya estaba todo listo. Entonces les dije a los niños, "¡Prepárense, hoy nos vamos de vacaciones!" Me fui con mi Esposo a recoger el cheque y dijo mi esposo, "Esperemos que la cantidad del cheque sea mas de lo necesario para poder llevar a los niños de vacaciones. Pero tendremos que irnos con mucho cuidado y deteniéndonos cada 4 horas porque la camioneta no esta en excelentes condiciones para manejar mas de 5 horas y tendremos que dejarla descansar por lo menos un par de horas." Cuando le dan el cheque a mi Esposo, le dicen que hubo un error en sus cheques pasados y le pagaron una compensación extra. Cuando vimos la cantidad del cheque nos quedamos con la boca abierta y mi esposo rápidamente me dice, "¡No compraremos una camioneta!" Cuando mi esposo me dijo No, yo le dije, "¡Gloria a Dios!"

Al salir del banco, seguimos con destino a nuestra casa. En el camino, le pedí a mi esposo que se detuviera un momento en una agencia que nos quedaba a un lado del camino. Le dije que si podíamos preguntar nada mas por casualidad el precio de una camioneta. Tal vez a futuro la podríamos comprar. Y ese futuro llego a los veinte minutos pues salimos de la agencia con camioneta nueva, completamente pagada. Nos fuimos por nuestros hijos, así que ya se imaginaran la cara de mis hijos cuando llegamos con una camioneta nueva y con el dinero que se necesitaba para llevarlos de vacaciones. Fueron momentos muy emotivos. Todos brincaban y reían y así subían su equipaje a la camioneta la cual contenía una televisión de muy buen tamaño y podían acomodarse ampliamente. Mi esposo me compartió su deseo de invitar a mis Padres a esas vacaciones y así hicimos. Por lo cual también sorprendimos a mis Papas y rápidamente prepararon su equipaje. Ese mismo día salimos rumbo a Orlando Florida. Disfrutamos de 5 días de vacaciones en el tan conocido parque temático, Jamás olvidamos esas hermosas y divertidas vacaciones. Gracias a nuestro Señor Dios todo Poderoso por permitirnos ver la felicidad que irradiaba en los rostros de mis hijos y el poder ver que si tienen fe podrán ver la gloria de Dios en todo aspecto.

18

¡Esa es mi casa!

La envidia siempre se han dejado notar desde el principio de la humanidad. Recordamos como Caín mato a Abel por envidia y como ha hecho tanto daño a muchas personas. Desde niños vemos como se manifiesta ese sentimiento que llena de odio amargura y resentimiento a las personas. Siempre les digo a mis hijos que tengan cuidado de no caer en tentación al envidiar lo que otra persona tenga. Siempre debemos ser agradecidos con Dios ya que a cada quien bendice. Tenemos que tener cuidado de como hablamos y nos expresamos de las demás personas.

Muchos Padres provocan una rivalidad entre los mismos hijos. La vida de José hijo de Jacob se vio muy afectada por los celos y las envidias de sus hermanos. Hay muchos matrimonios lastimados por la envidia de una persona que no soportaba ver felices a un matrimonio. Recuerdo a una persona que estaba tan feliz por los logros de su hijo y a donde quiera que ella iba comentaba acerca de todos los logros y éxitos de su hijo. En una ocasión una mujer la escuchaba y se lleno de envidia y como tenia malas amistades comento la riqueza que el hijo de aquella mujer había acumulado, así que a los pocos días lo secuestraron. La envidia lastimo el éxito y prosperidad que aquel joven estaba teniendo. Así mismo, mujeres que al ver un matrimonio feliz buscan la manera de entrometerse y lograr la destrucción de ese hogar. Hay niños que en la escuela son molestados continuamente por niños que sienten envidia del buen trato que le dan los Padres a los otros niños. Muchas personas piensan que la envidia solo esta dirigida hacia la gente que tiene dinero pero en realidad, la envidia se dirige mas hacia las personas que son felices; a los que aman, a los que sueñan, a los que tienen fe, a los que disfrutan de las bendiciones y aman a Dios. Pero en todos los hogares y familias la envidia asecha y tenemos que tener cuidado de que hablamos y con quien hablamos.

Platicaba con una amiga acerca de los sueños y hablábamos que no a cualquier persona se le pueden compartir los planes que tienes para hacer que sus sueños se hagan realidad. Es así pues cuando alguien no tiene sueños y metas, tampoco le gusta que otros los tengan. Es muy triste cuando de pronto te encuentras con personas que son muy serviciales mientras te este yendo mal pero cuando te va bien les entra una envidia. Corren la voz diciendo que cuando necesitabas por ellos, comías. Y ya teniendo te olvidas de lo que te ayudaron. Es como si verte bien les afectara tanto que tienen miedo que después seas tu tan prosperado y ellos los necesitados. Lo cual nos hace ver que no dieron una ayuda de corazón. Lo importante es no perder la esperanza ni la fe ni el amor y tener misericordia de quienes desean tu mal, orar por ellos y pedirle a Dios que aleje toda maldad de nuestra familia.

Dios cierra las puertas que deben cerrase y nos abre otras puertas porque El sabe que es lo que nos conviene. El nos lleva de victoria en victoria aunque a veces tengamos que pasar por cosas difíciles. Siempre podemos confiar en que Dios nunca nos dejara y El nos llevara a algo mucho mejor. Solo tenemos que confiar en El y no apartarnos de su presencia. Buscándole continuamente, alabarlo y glorificarlo, Dios sigue siendo el mismo de ayer y sus milagros siguen estando activos para todo el que cree. Pues lo que para el hombre es imposible Dios lo hace posible para que veas que grande es su misericordia y todo lo que pidieras al Padre en el nombre de Jesús lo recibirás, solo no dudes en tu corazón.

19

De compras sin dinero

La bendición de Jehová es la que enriquece, Y no añade tristeza con ella. Proverbios 10:22 *(Reina-Valera 1960)*

Dios es grande y poderoso y lleno de amor, y estoy tan segura de como disfruta viéndonos sonreír y viendo como tenemos confianza en El. Dios se agrada de ver la fe que sus hijos depositan en el y se encarga de suplir toda necesidad. Pero, también se encarga de dar regalos inesperados. Recordemos que El es el dueño del oro y de la plata, todo lo que hay por el fue creado así que no hay nada que El no pueda darnos y siempre esta dispuesto a sorprendernos. La pregunta es: ¿Que tan dispuesto esta usted para ser sorprendido por Dios? Si esta listo, prepárese porque se que un río de bendición esta a punto de desbordarse y pasara por su casa y le llenara de bendiciones inimaginables que le llenaran de gozo.

Cuando recuerdo esta experiencia la disfruto tanto como aquel día. Pues es que lo viví como una gran aventura en la que en todo momento era acompañada por Dios.

Sucedió que cuando nos mudamos a otro Estado teníamos escasos dos meses en el evangelio y nos fuimos a buscar trabajo. Mi esposo tenía poco de haber sido despedido por pedir el domingo libre para asistir a la Iglesia. Así que nos alojamos en casa de un familiar mientras conseguíamos departamento. Durante el cumpleaños de nuestra segunda niña nos mudamos a nuestro nuevo departamento. Ese día compramos globos de colores y los pegamos por todas las paredes. Realmente parecía un salón de fiestas porque no había ni un solo mueble. Compramos comida y un pastel pero no pudimos comprar cubiertos. Solo contábamos en ese momento con la ayuda del gobierno para comprar comida y el dinero recibido era dirigido directamente al pago de renta y deposito del departamento. Y ya se imaginaran, comimos de ese pastel a trozos con los dedos llenos de betún. Mi esposo hacia reír mucho a los niños. Fue muy divertida la manera en la que le encontramos la diversión a ese momento. Mi Esposo y Yo empezamos a trabajar en una compañía que empacaba tomate, a mi me correspondía trabajar en las bandas. Cuando vi como corrían las bandas llenas de tomates pensé que mi trabajo seria el escoger los mejores tomates. Cuando la banda empezó a correr, yo veía como venían esos bonitos tomates rojos y grandes que brillaban mientras rodaban y me aliste para acomodarlos en cajitas. En eso me dan un bote de basura y me dicen que mi trabajo era el de tomar los tomates podridos y ponerlos en la basura! Que feo era eso. Me daban nauseas en todo momento pues sentía horrible cuando trataba de sujetar un tomate y se desasía en mis manos. Ese olor a podrido me daba ganas de vomitar. Me sentía muy mareada al terminar el día y la verdad es que no se me apetecía nada de comer. No fui buena trabajando en las bandas de tomates. En aquel momento pagábamos para que nos cuidaran a los niños así que decidí dejar el trabajo e irme a cuidar a mis hijos. Aunque necesitábamos ese dinero, saldría lo mismo si trabajaba. Lo tendría que gastar en el cuidado de los niños y verdaderamente no aguantaba los tomates podridos y lamosos. Lo hermoso fue que vimos la mano de Dios tomando el control en todo momento pues al dejar yo el trabajo del tomate le llaman a mi esposo y le dan trabajo en un lugar donde le pagaban exactamente el doble de lo que nos pagaban en el tomate. Dios suplió la necesidad que teníamos! En esos días un tío nos llevaba en su auto al trabajo pues el trabajaba en la compañía de tomate. Así que necesitábamos un carro, para que mi esposo pudiera ir a su nuevo trabajo por lo cual decidimos hablar con mi Papa y explicarle lo que estábamos pasando y necesitábamos comprar un carro de

Al siguiente día nos mando dinero y pudimos comprar un carrito, así que a los dos días empezamos a manejar algunas cuadras a la redonda del departamento para no perdernos pues en ese tiempo no habían pantallas de navegación y todo tenia que ser de memoria. Así no fuimos alejando 5, 10, 15, y 20 cuadras a la redonda. De pronto vimos una gran sala en una esquina de la calle y tenia un cartón sobre ella que decía "FREE". Para nosotros no era nada común ver muebles gratis pues en la Ciudad donde vivíamos no habíamos visto eso. Así que nos acercamos para cerciorarnos de que realmente era gratis. Y así fue, ¡la sala era gratis y nosotros con el departamento vacío! Subimos una parte de la sala y rápido manejamos al departamento para dejarla ahí y regresar por los demás asientos, ya que la sala era seccional y estaba en perfecto estado. Así tuvimos sala ese día. Al siguiente día pensamos en que también necesitábamos un comedor y decidimos irnos de "compras" a la calle. Nos divertíamos tanto en la manera en que decíamos vámonos de shoppings a la basura. Sabíamos que Dios nos proveía y nosotros felizmente tomábamos la bendición. La sala que encontramos era azul y a mi no me gustaba ese color para una sala. Le pedí a Dios que si era posible, me la cambiara de color. ¡Y sorpresa! A unas cuadras encontramos otra sala color beige y todavía tenia los plásticos sobre ella. Pero estaba en la calle, ¿como puede ser? Pues claro que era Dios dándonos una sala nueva con todo y sus hules. Pero esa sala estaba mucho muy pesada y fue un gran esfuerzo el que hicimos para subirla al carro. No sabíamos ni como podríamos manejar con la enorme sala sobre el carro pero gracias a Dios la pudimos subir y manejar hasta el departamento. Al llegar no sabíamos que hacer que para caminar desde el estacionamiento hasta el departamento, luego bajar las escaleras, y curvear para poder introducirla, seria muy difícil. Yo no iba a poder sostener el peso de ese mueble por lo cual le dije a mi esposo que necesitábamos pedir ángeles para que nos vinieran a ayudar a sostener la sala. Y así fue que oramos por ayuda y al contar tres levantamos la sala. En cuestión de segundos sentimos como el peso de la sala se disminuyó y era como si solo estuviéramos nosotros ayudando a guiar el mueble. En ese momento estábamos asombrados y decidimos apresurar el paso. La sala al fin llego hasta el sótano donde vivíamos. Estábamos maravillados de la grandeza de Dios, pues suplía nuestras necesidades en todo aspecto aún enviándonos ángeles a ayudarnos. Ya acomodada la sala en la casa, eliminamos el plástico que la cubría y nos dimos cuenta de que se trataba de un gran sofá cama completamente nuevo con un colchón. Además el diseño de la tela de la sala era hermoso. Así continuamos ese día hasta el anochecer y el departamento estaba completamente amueblado. Fue un gran día de compras sin dinero. Al siguiente día mis Padres me llaman por teléfono y les notifico nuestra gran felicidad ya que todos los días encontrábamos cosas en la basura. Mientras yo le compartía con gran entusiasmo a mi Papá, el se preocupó mucho al escucharme decir que nos íbamos a la basura. Por lo cual nos imaginó en una gran montaña de basura con los niños en brazo buscando entre el montón por algo con que ayudarnos. La verdad no imaginé que se preocuparían pues ellos no estaban viendo lo que yo veía. Pues el hecho de decir que estaban en la basura, lo primero que las personas puedan imaginar es precisamente si entre bolsas de desechos, comida podrida, y papeles sucios se podrá encontrar algo bueno. Y además en que circunstancias estaría la persona que se trepa a una montaña de basura. Y bueno, esa fue la imagen que mi Padre veía por lo cual decidieron salir con destino a la ciudad donde nos encontrábamos para llevarnos de regreso a la ciudad de donde proveníamos. Emprendieron su viaje de casi veintiséis horas de camino hasta llegar a donde nos encontrábamos. Resulto que el día que ellos llegaron fue el primer día que nevó en nuestra estadía en esa gran ciudad por lo cual cuando mis Padres llegan se emocionaron mucho al ver la hermosa nieve cubriendo la ciudad y al mismo tiempo mi esposo y yo también estábamos muy emocionados viendo la hermosa nieve. Pero mayor fue la sorpresa cuando entraron a nuestro departamento. Mis Padres estaban mu felices al ver que estábamos viviendo muy bien y de como la imagen que se habían hecho en su mente era completamente diferente a lo que era en realidad. Les dijimos que vivíamos en el sótano, lo cual en esa ciudad era igual vivir en un departamento en el sótano como en el primer, segundo, tercer, o cuarto piso, pero mis Padres mala imagen de aquel lugar pues se imaginaban un frio, húmedo y triste sótano y con basura que levantábamos. Pero nada de eso, ya que el hecho de decir en la basura, era más que nada el decir que ya no les servía y lo donaron dejándolo a un lado de los contenedores de objetos usados que ya no necesitaban. Pero Dios nos daba muebles nuevos. Mis Padres estaban felices al ver la mano de Dios supliendo todas nuestras necesidades y ellos regresaron a casa con el auto lleno de televisiones y microondas que habíamos encontrado. Llevaron varias cosas a regalar y fue una gran experiencia. Aunque muy difícil de creer aun para personas que conocen de Dios. Por lo cual en la Iglesia donde nos congregábamos no creían que todo lo que teníamos lo habíamos encontrado gratis y en la calle.

20

Abrigos de zorro y mink

Pero la duda inquietó a muchas personas cuando un día haciendo mucho frío estábamos saliendo de la Iglesia y le dije a mi esposo que fuéramos a dar un vistazo en los callejones de una zona de casas muy elegantes. Ese día yo me cubrí las piernas con una cobija de mis niños, ellos venían sentados en el asiento trasero envueltos en cobijas pues el frio era cada vez más fuerte y aun la calefacción del auto no era suficiente. Y al entrar con dificultad por un callejón nevado, vimos unas bolsas blancas grandes ralladas con letras negras que decían: gratis, por lo cual asimilamos que podría ser ropa o cobijas o algo de valor por el hecho de hacer notar que no era basura así que mi esposo se detuvo y bajó rápidamente para tomar las tres grandes bolsas y subió rápidamente al auto. Pensamos que eran cobijas por el volumen y porque se sentía como una sola pieza y decidimos irnos a casa ya que yo soy muy sensible al frio y sentía que me congelaba.

Al llegar al departamento entramos lo mas rápido posible aunque los pies se enterraban en la nieve nos apresurábamos a entrar y evitar el frio. Estando en la sala abrimos las bolsas que encontrábamos y para nuestra gran sorpresa la primera bolsa que abrimos tenía dentro de ella un hermoso y elegante abrigo de piel de mink. Que elegancia en esa hermoso abrigo largo, yo estaba brincando de emoción pues sentía como Dios me dio ese gran regalo pues el sabía como no me era suficiente una abrigo regular, yo gritaba emocionada como gritan los niños al abrir sus regalos de navidad y mientras brincaba con mi nuevo abrigo de mink el cual era mi talla, mi esposo estaba sorprendido al abrir la segunda bolsa y al verlo dejé de brincar y le pregunté que es lo que había en esa otra bolsa y él sacó otro hermoso abrigo de mink en un tono mas claro igual de largo que el otro! ¡Eran dos hermosos abrigos de piel! Y corrimos abrir la tercera bolsa y ¡Sorpresa! ¡Un hermoso abrigo de zorro en color beige! Que belleza de abrigos ¡Bendito sea Dios! Al siguiente día fuimos a una muy fina tienda donde vendían abrigos de pieles y encontramos los abrigos en más de diez mil dólares cada uno. Estábamos sumamente emocionados por lo que Dios no había dado así que pensamos en donar un abrigo a la Iglesia. Mientras oraba le pedí permiso a Dios para donar un abrigo y así lo vendieran y se usara el dinero, pero Dios me dijo que si los hermanos y el Pastor creían que los encontré, yo les diera un abrigo en donación, pero si lo dudaban no regalara nada. Así hicimos en el siguiente servicio de la Iglesia, yo usé un abrigo de mink y al decirles que Dios nos dio tres abrigos de regalo y los encontramos en bolsas que decían gratis todos se rieron y no creyeron y al instante se alejaron de nosotros moviendo sus cabezas y sonriendo por lo cual ningún abrigo fue donado tal y como Dios me lo indicó.

Yo me sentí triste al ver tanta incredulidad y mas cuando una hermana me se acercó a mí y me dijo que el día que Dios le quisiera dar algo a ella jamás se lo daría de un callejón sino directamente de una tienda y prefería no tener nada a tener que levantar algo de un callejón, y le dije que si lo creía con todo su corazón y con toda humildad yo también estaba segura de que Dios se lo daría. Aunque Dios decide como darnos y porqué. Y es entendible que Dios decide como darnos las cosas pues no porque me dio a mí de esa manera así tendría que ser con todos. La hermana sonrió y se alejó, pero ya subiéndonos al auto se acercó otro matrimonio quien no quiso opinar en publico de nuestro testimonio para que no se rieran también de ellos por lo que nos dijeron que si eso era verdad que se lo demostráramos y que fuéramos en ese momento al lugar donde encontrábamos cosas y ellos nos seguirían. Así nos dirigimos a buscar y esa tarde también hacia mucho frio y seguía nevando. Buscábamos y buscábamos y pasábamos de callejón a callejón y recorrimos cuadras y no encontrábamos nada. Ya había pasado casi una hora y mi esposo y yo oramos a Dios para que nos diera algo que dar a los hermanos que nos seguían y no quedáramos como mentirosos pedimos que ellos vieran que Dios nos daba regalos y de pronto encontramos un asador de carne compacto para terrazas pequeñas como las de los departamentos. Rápido mi esposo detiene el auto y va por el asador que tenia su anuncio de gratis y se lo lleva al matrimonio que venía atrás de nosotros. Ellos se emocionaron y dijeron que estaban contentos, decían también que tenían pensado comprar un asador igual a ese. Así que nos despedimos y se fueron a su casa y nosotros a la muestra muy agradecidos con Dios por habernos dado algo para ellos. Pero aprendimos que hay mucha gente que duda de la provisión de Dios y otros que creyendo que Dios suple pero a manera de ellos y no de Dios.

Los abrigos los use todo el frío invierno y cuando regresamos a nuestra ciudad de origen donde el calor es muy fuerte y los inviernos poco fríos, trate de vender los abrigos pero se deshicieron se les iba cayendo la piel en pedazos. Vendí uno a una conocida y le sucedió lo mismo, fue como el mana, se usaron en el momento en el que se necesitaron.

Yo me gozo en todo lo hermoso de mi Señor, quien suple y bendice en todo momento y por su infinita misericordia nos permite ver cosas increíbles, la honra y la gloria sea para mi Señor Jesucristo.

21

EL poderoso: ¡Dios te bendiga!

Lucas 1:37 Porque nada hay imposible para Dios
(Reina-Valera 1960)

La palabra expuesta tiene gran poder y todo lo que declaremos creyéndolo lo veremos hecho. En muchas ocasiones se nos es fácil declarar una palabra pensando en que lo que dice mucha gente es cierto y me refiero a ese dicho de "las palabras se las lleva el viento" Pero no es así ya que la palabra que hablamos lleva con ello un propósito ya sea de bendecir o maldecir.

Es cuando se inician muchos problemas al hablar palabras que lastiman y hieren. Cuantas personas tienen una vida tan complicada llena de traumas y dificultades a causa de la palabra que sus Padres declararon sobre ellos cuando eran pequeños. Pereciera que una mala palabra dirigida a un niño en un momento de ira, solo fuera pasajera y saliera de la boca y se esfumara. Pero no es así, ya que cuando un Padre le grita o le dice a un niño: que torpe eres, o los comunes adjetivos: tonto, sonso, menso, burro," y de mas, están haciendo una herida en la vida de ese niño. Porque hay quienes maldicen y tan agresivamente declaran a sus hijos miserables de por vida. Como el común dicho de muchos Padres diciendo a sus hijos, "ponte a estudiar porque sino, vas a ser un pobre bueno para nada" Esa palabra: bueno para nada, afecto tanto a ese niño que cuando es adulto por mas esforzado que fuera siempre le salen mal las cosas, se siente fracasado o como muchos piensan de si mismos que no sirven para nada. Se afligen tanto y terminan desquitando su frustración con su esposa e hijos, buscan culpables y no los hayan hasta que se dan por vencidos y dejan de soñar, de creer que pueden salir adelante y lo que sucede es que dentro de ellos o ellas, esta guardada esa palabra de maldición que sus padres pusieron en su vida desde niños, al declarar que no servirían para nada. Nadie debe declarar esta palabra de inutilidad pues Dios a todos nos ha dado talentos para desarrollarnos en la vida y salir adelante pues el potencial de lograr lo que soñamos fue puesto en cada ser humano para que se haga realidad, solo se requiere esfuerzo y valentía para no dejarse vencer por el desanimo y la duda. Siempre debemos declarar palabra de bendición sobre nuestros hijos y sobre las personas que nos rodean. En el 2005 tenia una florería y un día llegó una mujer y me compro cinco arreglos florales para revenderlos en su tienda. Ella llevaba una vida muy difícil y tenia algunos novios y no permitía que le hablaran de la palabra de Dios pues se rehusaba a escuchar ya que había pasado por una mala experiencia con un Pastor, y ese día que compro los arreglos y se retiraba, La vi fijamente a los ojos y le dije de todo corazón: Dios te bendiga. Deseaba que Dios le ayudara a sanar sus heridas y que ella dejara de hacer las cosas malas que estaba haciendo. Cuando exclame esa palabra de bendición sobre su vida, ella se detuvo cuando volteo a verme y me dijo: Gracias, sentí esa palabra en mi vida. Después con el pasar de los meses ella me llamaba a mi celular y al contestar el teléfono ella solo me decía Hola. Yo entendía que ella estaba esperando a que le dijera DIOS TE BENDIGA. En ocasiones me hablaba de madrugada y cuando veía en mi teléfono que era ella, solo contestaba el teléfono diciendo DIOS TE BENDIGA y ella me contestaba gracias y colgaba. Al pasar de los meses ella arreglo su vida asistió a una Iglesia, se caso y es muy feliz con su familia y su Esposo.

Un día mientras enseñanza a los jóvenes de la Iglesia les dije que nos iríamos a ser de bendición a muchas personas. Entonces nos fuimos a varias tiendas departamentales muy grandes y muy famosas, y les dije a los jóvenes que se prepararan para ver como tres palabras podían cambiar la vida de una persona en cuestión de segundos. Dejamos grupos de tres Jóvenes en las entradas de las tienda y las instrucciones eran decirle ¡DIOS TE BENDIGA! a cada persona que fuera saliendo de las tiendas. Al principio se sentían apenados pues no conocían a nadie y es que esa era la idea, el ser de bendición a personas que ni conoces. Pero cuando empezaron a decirle a la gente que tan de prisa iban saliendo de la tienda "¡Dios te bendiga!" la gente al principio se asustaba cuando aquellos jóvenes seles acercaban de repente. Pero cuando los Jóvenes decían la palabra, el rostro de ellos cambiaba a una sonrisa tierna, algunos decían que necesitaban escuchar esa palabra, otros decían que les estaban haciendo su día feliz y otros solo daban las gracias. Pero en todos los rostros se formaba una sonrisa que se hacia acompañar de un suspiro. A los jóvenes de la Iglesia les gusto tanto que ya después yo batallaba para que subieran a los autos y regresar a la Iglesia pues se apasionaron de la declaración de bendición.

Le invito a experimentar veinte hermosos "¡Dios te bendiga!" con todo su corazón declare la palabra y observe esos rostros porque la palabra de Dios no regresa vacía.

Cuando llevamos a los jóvenes a evangelizar usamos unas tarjetas de presentación que decían JESUS TE AMA y al reverso una oración recibiendo a Cristo en su corazón.

Le invitare a que terminando de leer esto le diga a la primer persona que vea: JESUS TE AMA, y observe la mirada de esa persona, seamos de bendición...... ¡DIOS TE BENDIGA! JESUS TE AMA.

22

Invisibles a la maldad

Cierta ocasión después de estar en un servicio bíblico en el centro de una muy grande Ciudad, me vi en la necesidad de caminar un unas cuadras, y aunque no conocía bien esa área de la Ciudad, ya me habían dado muy malas referencias, ya que se reunían ahí muchas pandillas, y había un alto nivel de criminalidad. Pero tenia que asistir a ese servicio y ya que terminamos y me despedía de las hermanas con las cuales tardaba unos diez minutos platicando con la que me topara en el camino, pues siempre había hermanas con alguna duda o con alguna petición de oración; así que me tomaba un bien tiempo en poder despedirme. Cuando salí me dirigí a mi camioneta y decidí acortar el camino por un callejón. Mientras iba caminando empecé a sentir una opresión, sentía que algo malo se acercaba, la verdad ni yo misma entiendo como me fui por ese lugar así que en ese momento empecé a orar pidiendo a Dios protección Divina, ya eran casi las siete de la tarde y estaba empezando a oscurecer, de pronto veo un grupo de muchachos que entraban al callejón. Ellos vestían pantalones grandes y flojos, sus brazos estaban llenos de tatuajes y sus cabezas rasuradas, me di cuenta de que era una pandilla. Ellos entraban al callejón y por consecuencia nos encontraríamos de frente a medio camino, todos venían hablando en voz alta y estaban alterados, se notaba que venían molestos. Sentí mucho temor y le pedí a Dios que me ayudara, que me hiciera invisible para que ellos no me pudieran ver, pues temía que algo malo me pasara. Mientras caminaba mas fuerte se sentía la opresión, yo permanecía orando y ya estaba a punto de toparlos a unos pies de distancia, mis manos me sudaban, de verdad me dieron mas miedo ellos que los demonios, pues sabía que los demonios se tienen que sujetar al poderoso nombre de Jesús, pero las personas tienen libre albedrío y solo los ángeles que Dios me mandara o un milagro que Dios obrara podría librarme de todo mal de cualquier persona. Así que continuaba pidiendo a Dios con todo mi corazón que me hiciera invisible, que ellos no me pudieran ver, que cegara sus ojos. Increíblemente pasé exactamente por en medio de ellos y vi como platicaban mirándose unos a los otros y el espacio por donde yo pasé era un espacio de escaso medio metro, yo pensé que mis brazos toparían con los brazos de ellos pero jamás sentí nada. Mientras seguí caminando hasta salir de ese callejón sentía que me iba a desmayar, Dios hizo un milagro en ese momento, me hizo invisible. De verdad quería brincar y gritar del gozo que sentí. Sin embargo aprendí a que tenemos que tener mucho cuidado y evitar caminos peligrosos, mas cuando sabemos que el diablo quiere destruirnos, tenemos que ser responsables y no darle lugar. Ese día también aprendí que tenemos una protección divina que nos puede hacer invisibles al enemigo. Por lo cual lo he enseñado y siempre esta en mis oraciones esta petición: Que Dios nos haga invisibles a los ojos de toda maldad y sus ángeles poderosos nos rodeen y nos libren de todo mal. Mis hijos también aprendieron a orar de igual manera y me han dado testimonio de como Dios los ha cuidado y librado de todo mal y han visto como han pasado desapercibidos en ocasiones peligrosas.

Cuando leo el pasaje de 2 de Reyes Capitulo 6 me siento muy feliz y recuerdo el milagro que Dios me permitió por su gran misericordia por lo cual le doy la honra y la gloria a mi Señor Dios Todo Poderoso creador del cielo y de la tierra, Gracias Jesús.

> **Y oró Eliseo, y dijo: Te ruego, oh Jehová, que abras sus ojos para que vea. Entonces Jehová abrió los ojos del criado, y miró; y he aquí que el monte estaba lleno de gente de a caballo, y de carros de fuego alrededor de Eliseo.**
> **Y luego que los sirios descendieron a él, oró Eliseo a Jehová, y dijo: Te ruego que hieras con ceguera a esta gente. Y los hirió con ceguera, conforme a la petición de Eliseo.**
> **2Reyes 6:17-18 Reina Valera 1960**

23

Te quitas o te bendigo

Este capitulo es para mi muy especial ya que la experiencia vivida me enseño el poder de la palabra expresada y de como podemos cambiar el sentimiento de una persona, de varias o de una Ciudad, estado país etc. Aunque se escucha extraño pero es la verdad, ya que la actitud de las personas tienen mucho que ver con los sucesos que se lleven a cabo.

Es como la luz que hace que la oscuridad desaparezca, por lo cual el ser portadores de la luz haría que las tinieblas que afectan a alguien o un lugar o Ciudad etc. sean alumbradas con la luz, y esa luz es Jesucristo, y le manifestamos con amor y bendición. Por lo cual el bendecir continuamente no solo ayuda a quien bendices sino que las bendiciones son reciprocas y entre mas bendigas mas te bendices. Las circunstancias que nos rodean pueden afectar nuestro día hay veces que hasta un sueño afecta la vida de una persona. ¿Le ha tocado a Usted ver a como de pronto alguien anda de muy mal humor termina afectando el humor de toda la gente que le rodea? o las personas abusivas que perturban desde una persona hasta todo un País o más. Como la típica persona que viendo que alguien esta esperando que se desocupe un estacionamiento y ya al estar listo para estacionarse llega aquella persona irrespetuosa que presionando el acelerador de su auto toma el lugar que no le correspondía pues alguien mas había llegado primero, y es cuando cambia el humor de quien con paciencia espero a que el auto saliera para estacionarse. Así mismo también podemos ver otro caso donde de pronto la cajera del supermercado que mientras usted venia tan feliz después de escoger sus víveres, la cajera ni le saluda y empieza a aventar toda su comida y alguna hasta cae al piso, y hace que el humor del consumidor cambie en ese momento de felicidad a enojo. Y que decir del conductor que se atraviesa sin respetar la señal del alto, cuando a usted le correspondía cruzar la calle y por si fuera poco voltea a sonreírle sarcásticamente. Y bueno ya no seguiré porque de pronto hasta usted que esta leyendo esto ya se esta enojando y no quiero que eso pase, sino que aprendamos a aprovechar esos momentos para hacer que las cosas cambien. Le aseguro que como hijos de Dios tenemos un potencial tremendo para hacer que la vida de las personas que nos rodean no nos afecten.

En una ocasión tenia que tomar un retorno en la carretera y mientras había una gran línea, el auto que estaba frente a mi se detuvo en medio de dos carriles lo cual ocasionaba que obstruyera mi camino el cual estaba libre, pero ese auto teniendo el espacio para moverse a la derecha decidió no dejarme pasar. Ese día venia yo con todos mis hijos y mi hija mayor me dice 'mami esa persona parece que lo hace adrede, teniendo tanta distancia para moverse no se hace a un lado para permitirnos el paso'. El hombre que venia manejando me vio por el espejo y cínicamente sonrío. Mis hijos estaban atentos a ver que es lo que yo haría al respecto. Entonces les dije: ¿saben porque ese señor no quiere mover su auto y dejarme pasar? y ellos me contestaron ¿porque? y les conteste diciendo: porque ese señor quiere que yo lo bendiga, y eso es lo que haré, y empecé a bendecirlo y le decía "Ah señor usted quiere recibir palabra de bendición verdad, pues lo bendigo en el nombre de Jesús. Que su hogar sea bendecido, que sus hijos sean bendecidos, que la presencia de Dios toque su vida" mis hijos estaban emocionados y todos reían de la emoción de ver lo que estaba sucediendo y cuando el señor voltea a vernos nuevamente por su espejo, hace una cara molesta y se mueve rápidamente dejándonos pasar. Mis hijos lo veían mientras pasábamos y todos ellos con una gran sonrisa lo observaban mientras que el señor con una cara enojada y confundida observaba a mis hijos. Por lo visto no se le quito lo enojado pero tampoco nos hizo enojar, sino que al contrario ese día nos divertimos muchísimo pues les dije a mis hijos que si querían mucha bendición declararan cada casa bendecida. Y así venían todos gritando al mismo tiempo con mucha emoción y gozo "declaro esa casa bendecida" y otro decía "yo declaro aquella y también aquella" y otros gritaban a las casas "te bendigo, bendigo a esa familia Y yo bendigo a ese señor que va pasando yo Bendigo a todos los niños"

Y así iban siete niños gritando al mismo tiempo, declarando bendición y bendición y bendición. Cuando llegamos al supermercado y nos dirigíamos a pagar, seme atraviesa una señora con una actitud muy grosera y se pone en frente de mí para no hacer fila, y ya se imaginan como le fue. Cuando vi que hizo eso pensé entre mi, hay señora le van a llover bendiciones con mis hijos. Y así fue, ellos me preguntaron "Mami podemos decirlo en voz alta" y yo les respondí inmediatamente: No, es mejor decírselo con el corazón, solo véanla y declárenla bendecida, y mis siete hijos fijaron su vista en aquella mujer que no soporto mas la mirada de mis niños y se fue de la línea, y vaya que las miradas de ellos estaban llena de gozo, imagínense los ojos de los niños que casi gritaban con sus ojos ¡Dios la bendiga, Dios la Bendiga, Dios la bendiga!

Que hermoso es ver como podemos hacer que las cosas cambien y que la actitud de las personas cambie para bien y así esa misma persona haga lo mismo con alguien más y se haga una reacción en cadena llena de bendiciones. Le doy gracias a Dios por permitirme aprender cada día más y por permitirme enseñar a mis hijos de su amor, el cual cambia todas las vidas. Dios te bendiga rica y abundantemente En el Poderoso nombre de Jesús.

SEXTO TEMA

Guerra espiritual

Y el Dios de paz aplastará en breve a Satanás bajo vuestros pies. La gracia de nuestro Señor Jesucristo sea con vosotros *Romanos 16:20 (Reina Valera 1960)*

A muchas personas no les gusta tocar este tema de Guerra espiritual pues les incomoda.

Hay quienes dicen que si no han visto nada es porque no existe, pues aseguran que el enemigo de sus almas esta en el infierno con todos sus demonios y solo se dedica a atormentar a la gente que muere y va a infierno, siendo que la palabra de Dios dice:

Sed sobrios y velad; porque vuestro adversario el diablo, como león rugiente, anda alrededor buscando a quien devorar; 1 Pedro 5:8 (Reina-Valera 1960)

24

Establecer el reino de Dios y su Justicia

Durante los seminarios y conferencias que hemos compartido se han acercado personas a preguntarme acerca de eventos que les ocurren y me comentan de sombras en movimiento en sus casas y como es que escuchan ruidos y en algunos de los casos mueven los muebles y prenden y apagan las luces, sin haber alguien mas en casa, lo cual es espantoso para quien lo ve y no sabe que hacer. Lo que me llamo la atención es que a nadie se lo habían comentado y me dicen que ellos buscan de Dios y oran continuamente, pero sienten mucho temor y no se habían atrevido a comentarlo porque no querían ser juzgados como dementes.

La Identidad espiritual es un punto muy importante que debemos tocar ya que lamentablemente mucho creyente la desconoce y esa es la razón por la cual su vida espiritual se ve muy afectada. Imagínense ustedes a un príncipe que sin saber todos los beneficios que tiene como príncipe, sale a las calles de una ciudad y cuando los enemigos del rey lo ven, al principio se atemorizan pues ellos le reconocen y saben que es el príncipe, el hijo del rey, pero este príncipe le pide permiso a uno de los habitantes del pueblo para poder tomar una silla y sentarse; a otra persona le pide trabajo y a otra le pide un pan que comer pero con mucho temor de que se lo nieguen. Cuando los enemigos del rey ven esto se dan cuenta de que aquel joven no sabe quien es, y la autoridad que tiene, y mucho menos conoce de todos los bienes que posee, así que estos enemigos le salen al encuentro y empiezan a atormentar la vida de este joven, lo tratan como pordiosero, lo empujan lo maltratan y le intimidan.

Pues así sucede cuando un hijo de Dios no reconoce su identidad y se deja maltratar golpear y robar, porque piensa que así es la vida y se va acostumbrado a batallar para poder llevar un pan a su familia. Se va acostumbrando a traer los zapatos rotos, y a dejarse robar lo que le pertenece. Sin saber el poder que tiene para mandar a encerrar a sus enemigos atándolos en el nombre de Jesucristo, pues Dios nos dio la potestad de atar demonios y no permitirles afectar a su vida ni a su familia. Cuando el creyente reconoce su identidad y pone en su lugar a los demonios echándolos fuera de su casa, mandándoles atados a lugares secos y vacíos, los demás demonios se abstendrán de entrar a su casa para tratar de intimidarle pues ahora saben que les será difícil afectar su hogar. Necesitamos entender que Dios nos ama tanto y que por medio de nuestro Señor Jesucristo nos fue dada la reconciliación con Dios, ya que Jesucristo pago por cada uno de nosotros en la cruz del calvario y nos ha hecho coherederos con el. Nos ha prometido suplir todas nuestras necesidades, nos dio autoridad sobre el mundo de tinieblas para atar todo demonio que pretenda perturbar a nuestra familia en cualquier aspecto.

Tenemos que dejarle saber al diablo que sabemos quienes somos y quien es nuestro Dios, por lo cual tenemos la autoridad de prohibirle acercarse y así mismo el poder para cancelar toda maldición generacional y hereditaria, y declarar cada día que establecemos el reino de Dios y su justicia en nuestra casa. Jesucristo esta con nosotros en todo momento y ha puesto ángeles a nuestra disposición. Cuando sabemos quienes somos y tomamos el lugar que nos pertenece los demonios tratan de cuidarse de nosotros, pues saben que hemos reconocido el poder de Dios, y también saben que podemos atarlos en el nombre de Jesucristo. Pero es muy importante recordar la palabra de Dios donde dice que no nos regocijemos de que los espíritus se nos sujeten, sino que nuestros nombres estén escritos en el cielo, así que necesitamos ser obedientes y permanecer en fe en esperanza y en amor como nos enseña en su palabra y dando gracias a Dios por todo, escudriñando las escrituras, congregándonos y sirviendo en la obra de Dios. Pues siempre hay trabajo que hacer. A Dios sea la honra la gloria el poder y la alabanza, gloria a Cristo Jesús, Señor nuestro.

25

Pelea con Sabiduría

Dios tiene todo bajo control, en su palabra nos habla de que nunca nos hará pasar por circunstancias que no podamos soportar, ya que nos prepara para vencer en todo momento. Sabemos lo importante que es el ir en crecimiento lo cual nos lleva a ir subiendo de escalón en escalón. Es como el abecedario en el cual tenemos que aprendernos las letras una tras otras, lo mismo que sucede con los números ya que vamos aprendiendo el valor de ellos, y así mismo en el transcurrir de la vida. Las personas también tienen que ir creciendo en todo aspecto de su vida porque fuimos hechos para ir de triunfo en triunfo, de victoria en victoria. Por lo cual no significa que todo lo que vamos pasando es color de rosa, pues mucha gente piensa de esa manera, y se olvidan que entre mas conocimiento tengas o entre mas se te haya dado mas sete demandara. Pero la mayoría de las veces cuando vemos una persona exitosa la cual es reconocida, pensamos que su vida ha sido tan bonita y que jamás ha pasado por circunstancias adversas, siendo al contrario ya que para que una persona pueda alcanzar el éxito en cualquier etapa de su vida, tuvo que haber pasado por tantas etapas difíciles.

Es como si hablamos de una mujer con gran éxito en su matrimonio y la vemos tan feliz celebrando sus cincuenta años de casada. Y muchos se preguntan ¿cual fue el secreto de su éxito matrimonial? ¿Como le hizo para llevar un matrimonio tan feliz? pues se ven tan contentos los dos y nadie imaginaria que pasaron por fuertes problemas. Pero resulta que no fue así, que ya platicando con esa mujer y preguntándole como hizo para que su matrimonio nunca fuera afectado por el adulterio, los pleitos, la desconfianza y la falta de perdón que muchos matrimonios no pueden superar y terminan destruidos. Esa mujer contesta diciendo: "tanto al adulterio como a los pleitos, contiendas, inseguridad y falta de perdón, los conocí y los tuve junto a mi, pero pude ganarles la batalla que cada uno de ellos me hizo frente y cada uno llego en su momento y así como llegaron los fui echando de mi vida y de mi familia, con sabiduría, amor y oración, ya que tuve que ser sabia para no dejarme vencer por el mal del adulterio pues cuando toco a la puerta de mi casa lo reconocí y con sabiduría le mostré la puerta de salida. Por consiguiente tome mano del amor para manifestarlo y mostrarle a mi esposo. Pues el Dios que vive en mi, me dio la capacidad para amar, y perdonar. Y la continua oración para pedir a Dios que aleje de mi vida la desconfianza la cual ha matado la felicidad de muchas personas llenándolas de ira y un odio que carcome los huesos y yo no quería ser así, por lo que también le pedí a Dios en oración que la paz reine en mi corazón.

Así que vemos como todas las personas pasan por fuertes conflictos en su vida, pero lo importante de todo esto es aprender de esas circunstancias para que la sabiduría que se va adquiriendo sea de gran ayuda a las generaciones venideras. Porque si nos damos por vencidos tan fácilmente ¿Que estaremos enseñando a nuestros hijos? Es difícil pero jamás imposible ya que la capacidad para enfrentar cada situación adversa nos fue dada por nuestro señor Dios todo poderoso y como dice en su palabra "si alguno esta falto de sabiduría pida a Dios y Dios se gozara en dársela" De igual manera debía ser aplicada la sabiduría para educar a los hijos, con toda paciencia y amor, jamás olvidando que los Padres también fueron hijos y pasaron por cosas similares, pero no provocando a los hijos a ira y menos poniéndolos a leer la Biblia como castigo de un mal comportamiento, ¿Acaso leer la Biblia es un castigo? o ¿Ir a la iglesia es un castigo? pienso que los Padres que usan esto como castigo es porque para ellos si lo es. Lo que uno enseña es lo que se recibe. Como consecuencia, si queremos que nuestros hijos nos respeten tenemos que respetarlos, si queremos hijos cariñosos tenemos que ser primero padres cariñosos, si queremos hijos obedientes a la Palabra de Dios, debemos ser primero nosotros obedientes a la palabra de Dios, queremos un buen testimonio en nuestros hijos, seamos de buen testimonio.

26

La casa Iluminada que no pueden ver

Se ha preguntado alguna vez como se ve su casa desde el cielo? Antes, las personas solo podían ver el panorama de su ciudad cuando subían a un avión y la mayoría buscaba su casa desde las alturas, aunque difícilmente podían llegar a verla. Hoy en día las personas ya han visto su casa usando la internet y por medio de un mapa a través de un satélite, de esta manera ven el techo de su casa, y que sorprendente es cuando vamos alejando la imagen y aquella casa que podíamos ver de cerca va disminuyendo hasta perderse entre tantas casas y después ver un diminuto cuadrito. Imagínense esa misma imagen de internet pero de noche, difícilmente encontraría la subdivisión donde vive pues no se podría ver su casa.

El tema del que les quiero compartir es acerca de las casas Iluminadas, y es que en realidad nosotros podemos tener una casa llena de luz y con un resplandor tan poderoso que lastimaría la vista de quien pretendiera hacerle daño. Si andamos en luz la cual es la voluntad de Dios para nosotros ya que de esta manera podremos compartir la luz en lugares llenos de oscuridad, pues en un mundo espiritual las tinieblas se ven afectadas por la luz; dice la palabra de Dios:

Levántate y resplandece; porque ha venido tu luz, y la gloria de Jehová ha nacido sobre ti. Isaías 60:1

Así mismo se nos exhorta a andar como hijos de luz. Moisés regresaba al pueblo resplandeciendo, ya que ese resplandor era causado por la presencia de Dios. Pero ese resplandor puede hacerse notar hoy en día en cada uno de nosotros como dice la Palabra de Dios:

En los cuales el dios de este siglo cegó el entendimiento de los incrédulos, para que no les resplandezca la luz del evangelio de la gloria de Cristo, el cual es la imagen de Dios. 2 de Corintios 4:4

La luz que esta en nosotros se hace notoria si permanecemos en ella. Por lo cual sabiendo que el mundo de las tinieblas se manifiesta aun mas en la noche pues los hacedores de maldad procuran trabajar en la madrugada invocando al diablo y sus demonios y declarando maldiciones en los hogares. Muchos brujos transformados en animales toman lugar en los techos de las casas o en las ventanas, así empiezan a maldecir a las familias declarando enfermedades y miseria entre otras maldiciones. Algunos de ellos lo hacen porque les pagan dinero personas envidiosas que desean el mal de alguien más y contratan a esos brujos para hacer la maldad. Otros brujos lo hacen porque son entorpecidos para llevar a cabo sus trabajos de brujería y es cuando se incomodan e investigan quien vive cerca del lugar donde ellos trabajan ya que las oraciones están bloqueando sus trabajos. Y cuando detectan el lugar vuelan hasta el en la noche para así afectar ese hogar. Pero como hijos de luz estando en comunión con Dios no tenemos de qué preocuparnos, pues la luz que en nosotros hay se hace notar. Por eso es importante orar y declarar nuestra casa resplandeciente de la presencia de Dios, pues de esta manera los servidores del mal no se podrán acercar porque la luz que irradia nuestra casa es tan poderosa que puede afectar la vista de los que hacen maldad y debilitar sus poderes reduciéndolos a nada.

Sabemos que no hay ninguna comunión entre la luz y las tinieblas como nos enseña la palabra de Dios, por eso debemos hacer la declaración del poderoso resplandor de la presencia de Dios en el poderoso nombre de Jesucristo. Recordando en todo momento que nosotros somos la luz del mundo, así que imagínense como se vería si todos los hijos de Dios nos uniéramos en oración declarando la luz resplandeciente de la presencia de Dios manifestándose poderosamente en cada hogar, seria hermosos. Así que debemos irnos a dormir en paz con todos en nuestro hogar. Por lo cual no es bueno que un matrimonio se vaya a dormir enojado porque sino ¿Qué luz irradiaría ese hogar? Necesitamos estar unidos y no olvidarse de orar antes de dormir.

En paz me acostaré, y así mismo dormiré; Porque Jehová solo tu Jehová, me haces vivir confiado. Salmo 4:8

27

Instruye al niño en su camino.

**Instruye al niño en el camino correcto, y
aun en su vejez no lo abandonará.**
Proverbios 22:6 (Nueva versión Internacional NVI)

Los niños necesitan ser instruidos en la palabra de Dios, y más cuando los dones del Espíritu Santo se hacen notar en ellos a temprana edad. Los niños tienen que ser instruidos con sabiduría por lo cual es necesario orar a Dios para que de esa manera Dios indique la forma en la que se irá instruyendo al niño según sus dones. En ejemplo cuando un niño es inquietado desde pequeño a orar por las personas y usted no puede controlar el deseo de oración de su niño, es el momento de instruirle en la oración pues ese niño esta capacitado para orar por las personas pues es Dios quien le ha dado esa capacidad. Así también los niños que desean predicar y empiezan a hacerlo desde muy pequeñitos; por ejemplo mi tercer hija empezó a predicar a los 4 años de edad, ella estaba en un campamento de jóvenes y tendía a acercarse a los jóvenes que asistían por primera vez y los evangelizaba, les hablaba del amor de Dios hacia ellos y los jóvenes al ver a una pequeña niña de 4 años de edad predicándoles abrían su corazón a la palabra de Dios y caían quebrantados por el Espíritu Santo aceptando a Cristo. Yo no asistí al campamento y fue mi Mamá quien llevo a mis niñas, las cuales eran pequeñas, la mayor tenia ocho años la segunda seis y la tercera cuatro, y después de que mi hija oraba por los jóvenes pidió que se le diera el lugar para predicar y los pastores aceptaron. Mi hija preparó su bosquejo con dibujos y así predicó a Jóvenes y a Madres exhortándoles a dar amor y ganar a sus hijos con su testimonio.

Unas semanas después de ese campamento siendo de madrugada yo estaba dormida y me despertó un ruido muy fuerte, era un viento que parecía que aventaba todo lo que se le ponía en el camino. Al abrir los ojos sentí cómo ese viento que venia hacia la casa no era más que un demonio muy enojado. De pronto vi como se detuvo frente a la ventana que estaba abierta y al moverse la cortina yo cerré mis ojos para que el demonio pensara que estaba dormida. En ese momento empecé a orar a Dios sin hacer ningún movimiento, y seguía haciendo como que estaba dormida. La opresión era tan fuerte, se sentía un ambiente muy pesado, como si no hubiera suficiente oxigeno, y de pronto escuche unos pasitos en el suelo de la habitación. Eran pasitos apresurados y cortos como de niño, los cuales corrían en circulo a lado de mi cama, yo trataba de discernir que es lo que estaba pasando cuando de pronto escuche una vocecita muy agitada pero no entendía lo que decía, y cuando abrí mis ojos veo a mi hija de cuatro años corriendo a lado de mi cama siendo perseguida por el demonio que había entrado. Como era obvio el demonio no tenia autoridad para tocarla pero la asustaba persiguiéndola. En ese momento le grité a mi hija que viniera hacia mi y ella corrió y salto sobre mis brazos y le dije que escuchara y repitiera lo que yo decía para que aprendiera a atar y así atamos al demonio en el nombre de Jesús y le echamos fuera de la casa y mi hija repitió todo lo que yo dije y fue así como aprendió a atar demonios. Esa noche estábamos durmiendo en la casa de unos familiares; entonces le pedí a Dios que me dijera como hacer para que los demonios no asusten a mis hijos y me mostró la armadura de Dios la cual al ponerla evita que los demonios se acerquen pues tienen gran temor a la poderosa espada la cual los puede cortar y hacerles un gran daño. Realmente tienen mucho miedo a esa gran espada la cual es La palabra Dios misma que es el verbo la cual es Jesucristo.

SALMO 27:1-4 *(Reina-Valera 1960)*
Jehová es mi luz y mi salvación; ¿de quién temeré?
Jehová es la fortaleza de mi vida; ¿de
quién he de atemorizarme?
Cuando se juntaron contra mí los malignos,
mis angustiadores y mis enemigos,
Para comer mis carnes, ellos tropezaron y cayeron.
Aunque un ejército acampe contra
mí, No temerá mi corazón;
Aunque contra mí se levante guerra, Yo estaré confiado.
Una cosa he demandado a Jehová, ésta buscaré;
Que esté yo en la casa de Jehová todos los días de mi vida,
Para contemplar la hermosura de Jehová,
y para inquirir en su templo.

28

Brujas evangelizadas.

La misericordia de Dios es tan grande, Jesucristo murió por todos los pecadores no importando cual allá sido su pecado, Él nos ama a todos por igual y es su deseo que todos procedan al arrepentimiento y sean salvos, pues todo ser humano tiene la gran necesidad de Dios.

El Señor no retarda su promesa, según algunos la tienen por tardanza, sino que es paciente para con nosotros, no queriendo que ninguno perezca, sino que todos procedan al arrepentimiento. 2 Pedro 3:9

Por mucho tiempo estuvimos pasando por una fuerte lucha con brujas, ya que no estaban contentas de que estuviéramos perturbando sus trabajos de brujería ya que cerca de nuestra casa vivían unas de ellas. Algunos brujos se manifestaban en los cuartos de mis hijos, fueron aproximadamente seis meses los cuales estuvimos enfrentándonos a esa situación. Una noche llego mi tercer hija la cual tiene el don de discernimiento de espíritus, Ella tenia seis años cuando un día frente a su cama estaba un brujo puesto de pie y usando unas hierbas las cuales pasaba sobre mi hija, ella ya sabia que hacer, y pidió ángeles para que echaran a ese brujo de su cuarto, y así con otros dos de mis hijos sucedió lo mismo. Hasta que una noche llegando del supermercado eran las 11:00 de la noche cuando al estar bajando las bolsas de comida de la camioneta, mi hija mayor viene a la cocina y me dice que hay brujas en el árbol de a lado de la casa, así que salimos y empezamos a reprenderlas, pero ellas empezaban a carcajearse, entonces vino a mi mente la palabra de Dios que dice vence al mal con el bien, y les empecé a hablar a las brujas y les dije "Ah brujas, ya se porque están ahí, ustedes piensan que vinieron a maldecir mi hogar pero no es así, pues nada pasa por casualidad, ustedes están ahí porque quieren escuchar palabra de Dios ya que están necesitadas de ese amor tan bello que sana las heridas y restaura los corazones, que suple toda la necesidad de amor, protección y paz que ustedes necesitan, Jesucristo las ama tanto que dio su vida para el perdón de sus pecados y resucito al tercer día venciendo a la muerte, al diablo y a sus demonios, Jesús tiene el poder para transformarlas y hacerlas nuevas criaturas, abran bien sus oídos porque el amor de Dios tocara sus corazones porque hay gran poder en su palabra la cual no regresa vacía, Brujas! ¡Jesucristo las ama! vengan a los pies del salvador, el Dios Todo Poderoso, Llénense del amor de Cristo, Cristo vive, sana y salva, gloria a Dios." En ese momento las brujas volaron huyendo de ese lugar. Al siguiente día una mujer toca el timbre de mi casa y cuando salí a abrir la puerta ella preguntaba por una dirección, pero yo la veía fijamente a los ojos y sabia que era una de aquellas brujas por las que oramos. Y le dije que no sabia de esa dirección y ella se retiro pero le hable y le dije que Jesucristo la amaba y la bendije en el nombre de Jesús. Yo no supe nada más de esa señora pero de algo estoy segura: que la palabra de Dios toco su corazón y pudo sentir el perfecto amor de Dios el cual perdona limpia y transforma. Confío en que esa mujer ya no soportó vivir sin el amor de Dios y que en algún lugar esta buscando de Dios.

Así será mi palabra que sale de mi boca; no volverá a mí vacía, sino que hará lo que yo quiero, y será prosperada en aquello para que la envié. Isaías 55:11 Porque no tenemos lucha contra sangre y carne, sino contra principados, contra potestades, contra los gobernadores de las tinieblas de este siglo, contra huestes espirituales de maldad en las regiones celestes. Efesios 6:12 Reina-Valera 1960 (RVR1960

29

La Armadura de Dios

La Armadura de Dios es un punto sumamente especial e importante en la vida del cristiano ya que es necesaria para poder vencer en los días malos. Todo cristiano enfrenta una guerra espiritual continua, aunque algunos sufren esta guerra más que otros. Me refiero a personas con los dones espirituales que hacen notar la guerra espiritual, en especial al don de discernimiento de espíritus ya que por medio de ese don los demonios quedaran expuestos. Por esa razón cuando perciben ese don en una persona, empiezan a tratar de afectarla para trastornar su mente atemorizándole y hacer que su testimonio se vea afectado. Para Satanás, los demonios y los seguidores de Satanás es preferible entrar a afectar una Iglesia en donde no hayan personas con el donde discernimiento de espíritus y así poder inmiscuirse para hacer daño con mas facilidad. Cuando el cristiano se capacita y usa la armadura de Dios, le será muy difícil al diablo y sus servidores poder atacar su vida. Los brujos o servidores de Satanás pueden ver la armadura de Dios la cual les afecta en su totalidad pues cuando el cristiano levanta su espada para defenderse los brujos tienen que retroceder, pues la armadura les afecta físicamente aunque solo pueda verse en el mundo sobrenatural. Por lo cual cada día al levantarnos así como es necesaria la vestimenta y el alimento, también son necesarios la armadura de Dios y la oración, pues la Armadura nos viste para protegernos y la oración nos fortalece.

Cuando tenia poco tiempo en el evangelio y apenas estaba desarrollando el ministerio de liberación, una joven de la Iglesia invito a un muchacho que conoció en su trabajo quien le compartió a la joven su pasión por el ocultismo y el satanismo, así que la joven lo invitó a la Iglesia y él accedió. Al estar el domingo en el servicio de oración invitan al Joven a pasar al frente para orar por el y en cuestión de segundos los demonios se manifestaron y el joven cayó al suelo realizando unos movimientos donde se doblaba y se arrastraba como una serpiente. Una hermana de la Iglesia se arrodilló y vio al joven a la cara para reprenderle y en ese momento el joven la mira fijamente a los ojos y le grita que ella no tenia ningún poder para reprenderlo así que la hermana se levantó y se alejó llorando por lo que le habían dicho. Me acerqué y vi que el muchacho era quien hacia tanto movimiento y que los demonios ya no estaban ahí, por lo cual se le levanto y se le llevo a sentar. Ese día también asistió a ese servicio una mujer que testificó haber practicado la brujería pero que ya no estaba interesada en hacerlo por lo que estaría visitando la Iglesia. Ella se mantenía muy callada en todo el servicio, yo estaba siempre de pie orando y reprendiendo desde la última fila para bloquear cualquier maldición que se estuviera profiriendo. Me acerque a la hermana que tanto lloraba por lo que le dijo el muchacho y le dije que se tranquilizara que ese joven solo la quiso confundir pues los demonio que el tenia en ese momento no estaban en su cuerpo y como persona el tiene libre Albedrio para elegir a quien servir por lo que solo quiso incomodarle haciéndole creer que el demonio le había gritado pero. También le dije que cuando un demonio llegara a decir lo mismo ella tenia que enfrentarlo y atarle en el nombre de Jesucristo pues el poder supremo que ata al demonio esta en el nombre de Jesús. Ese mismo día al llegar a mi casa e irnos a dormir sentía una inquietud y pensé que se podía tratar de la experiencia vivida ese día en la Iglesia. Al estar dormida sentí que algo apretaba mi cabeza y cuando desperté vi a la mujer y al joven que estuvieron en la Iglesia, él sujetaba mi cabeza, con una mano abrió mi boca estirando las quijadas y ella tenia en su mano un frasco de vidrio en forma de jarra y pretendían vestir el contenido del frasco en mi boca. Me levante soltándome de sus manos, y ellos estaban muy enfadados, yo le gritaba a mi esposo para que despertara y me ayudara pero mi esposo tenia un sueño profundo así que recordé la armadura de Dios y levante la espada y empecé a hondearla hacia ellos y ellos huyeron.

Ese día aprendí a poner las ropas dobles en mi vida, en la de mi esposo y en la de mis hijos las cuales son la armadura de dios y la poderosa sangre de Jesucristo.

Si un brujo pretende hacer un espectáculo en la Iglesia aparentando estar poseído entonces hay que tomar la espada y ponérsela en la cabeza y de esa manera se deje de estar haciendo espectáculo, pues la casa de Dios no es para seguirle el juego al diablo dejando de alabar y adorar a Dios por distraerse con un brujo, pues los demonios se sujetan al poderoso nombre de Jesucristo y los brujos tienen que salir huyendo del poder de la espada usada por el cristiano que usa la Armadura de Dios.

30

Estoy en mi territorio

Tener a Dios presente en todo momento es la meta de todo creyente. El que Dios sea tu compañero de viaje te da la seguridad de que todo estará bien.

En cierta ocasión mientras asistía a un seminario En la Ciudad de Dallas Texas, me invitaron a Hospedarme en casa de una de las hermanas que también asistieron a dicho evento y aunque no conocía mucho a la hermana que me había invitado a ser su huésped, acepte su invitación pues con lo poco que había platicado con ella me había inspirado confianza. Llegando a su casa ella me muestra la habitación donde podía dormir ya que esa recamara la tenia especialmente para invitados. Tanto ella como su esposo se veían personas muy tranquilas aunque tenían varios conflictos en su vida pero se mantenían orando y asistían a la Iglesia esperando que todo se arreglara. Ella sufría una terrible enfermedad con la cual tenía más de dos años con ese padecimiento y los médicos no encontraban cual era la causa de su enfermedad. Por más oración que hacían la enfermedad seguía ahí. Al terminar de estar platicando y conviviendo hasta pasada la media noche nos despedimos para ir a dormir. Al entrar a la habitación cerré la puerta con llave y observé la habitación pues había algo extraño. Aunque el cuarto lucia muy bonito, había cierta inquietud en mi vida, era como una preocupación pero no sabia a que se debía, mi mente trabajaba pensando que tal vez era porque estaba fuera de la ciudad y mi familia estaba lejos pero después de pensarlo me daba cuenta de que no era eso lo que me incomodaba tanto. Por lo cual doblé mis rodillas e inicie una oración pidiendo a Dios que me diera el discernimiento para saber porque me sentía inquieta. Así estuve orando y cuando mis rodillas se cansaron trate de levantarme pero sentí donde tocaron mi hombro no permitiendo que me levantara por lo cual continúe la oración. El Espíritu Santo me guiaba a una oración de protección sobre mi vida y esa oración me hizo darme cuenta de que estaba en peligro. Cuando me despedí de la Hermana eran pasadas de las doce de la noche por lo que la oración la inicie a la una de la mañana aproximadamente, y cuando ya sentía mis piernas entumidas agradecí a Dios su amor su bondad y misericordia y me levante de orar. Fui a buscar mi teléfono celular y vi que eran las cinco de la mañana, ya me sentía con mucho sueño y estaba exhausta así que me acosté a dormir y de inmediato concilie el sueño. Cuando ya estaba profundamente dormida me estiraron agresivamente las sabanas y cobijas, yo me asusté tanto y de un brinco me senté inmediatamente y vi a varios brujos sostenidos en el aire dentro de la habitación, los cuales me gritaban con tanto coraje que me fuera de ese lugar y que no tenia autoridad para entrar a esa casa. Yo tenía puesta la armadura de Dios, la cual sé que ayudo a que no se acercaran a hacerme daño. Ellos trataban de estirar mis pies pero no podían conseguirlo. Mi corazón palpitaba rápidamente y me sentía un poco mareada por la rapidez en la que me levanté después de estar profundamente dormida.

Los brujos rodeaban la cama y era una gritería la que tenían los tres, ni siquiera les entendía de tanto que gritaban y balbuceaban, cuando al voltear mi vista a la ventana pude ver un gran numero de demonios amontonados a la expectativa de lo que estaba pasando. Pero todos se mantenían a lo lejos y no entraban ni siquiera al área del terreno de la casa. Entendí que por alguna razón se mantenían alejados, por lo cual que me enderece y mirando a los brujos a lo ojos empecé a reprenderlos y a mostrarles que la autoridad de estar en esa casa me la daba Dios. Así que me levanté y le arrebaté las cobijas de las manos a uno de ellos. Les ordene que se fueran y no me hicieron caso por lo que pensé en la espada de Dios y apreté mi mano y la levante prohibiéndoles la entrada a ese cuarto, y les dije que aunque esa no era mi casa la palabra de Dios dice que todo lo que tocara la planta de mis pies era mi territorio, y declaraba mi territorio en esa habitación y les prohibía acercarse a mi. Los brujos se fueron muy enojados pero temerosos a la espada de la armadura de Dios. Yo me acosté y me cobije y dormí tranquilamente dándole gracias a mi Señor Dios todo poderoso. Nuevamente vi como nada pasaba por casualidad, Dios me había preparado en esa oración de cuatro horas pues Él echo fuera todo demonio porque ante su presencia los demonios tiemblan y huyen. Me gozo y estoy muy agradecida con Dios porque su amor es tan grande, y Él es fuerte y poderoso y no hay nada en el mundo que pueda con Él.

Al despertar en la mañana tuve que acomodar, las cortinas y el cortinero que estaba en el piso. Cuando salgo de la habitación conocí a la familia de la Hermana y vi que sus hijos practicaban el ocultismo. Aunque ella frecuentaba ir a la Iglesia, desconocía muchas cosas del mundo espiritual y era tolerante a prácticas de ocultismo de sus hijos, sin saber que todos los problemas que estaban sucediendo en su casa eran causados por las puertas que le mantenían abiertas al diablo. Piensan que se puede servir a dos Señores, y No es así. A Dios se le es fiel por lo cual toda anatema debe ser echada fuera de la casa. Nada inmundo debe haber en la casa de un hijo de Dios porque eso hará que mantengan la puerta abierta a la maldad y su vida se ve afectada de muchas maneras, ya que las bendiciones solo proceden de Dios y nos permiten vivir de triunfo en triunfo.

31

La sangre vigente

La poderosa sangre de Jesucristo tiene tanto poder y puede ser aplicada en cualquier momento que tu lo decidas. El efecto que posee es extraordinario y podemos cubrirnos con ella, y así mismo a nuestros hijos. La sangre poderosa de Jesucristo, limpia, sana, restaura, transforma, protege, y también es visible en el mundo espiritual. Así como la mujer virtuosa cubre a sus hijos con ropas dobles es como nosotros podemos cubrirnos y cubrir a nuestros hijos con esas ropas dobles las cuales son la ponderosa sangre de Jesucristo y la Armadura de Dios.

En una ocasión en la ciudad de Kansas, una joven de 17 años de edad, manejaba muy de mañana dirigiéndose a la escuela. Mientras conducía su auto ella entonaba alabanzas a Dios y llena de gozo levantó su mirada al cielo y le dijo a Dios que lo amaba tanto y deseaba servirle. Entonces mientras seguía manejando nuevamente levanta su Mirada al cielo y le pide a Dios que le muestre su poder y que le hiciera ver un milagro. De pronto siente el voltear su mirada a un negocio que se encontraba en la orilla de la calle y lo primero que ve es un pequeño local con un gran anuncio que decía "te adivinare tu suerte" y ella rápidamente dirige su mirada al frente de la carretera. Un tanto tensa sigue manejando y decide subir el volumen del radio y seguir alabando a Dios. Segundos después escucha una voz le dice "regrésate y ve a ese lugar" Ella pensó que era solo su imaginación, como muchos suelen imaginar cuando en realidad Dios les esta hablando. Pero nuevamente vuelve a escuchar la voz que le dice "regrésate y ve a ese lugar" ella empezó a temblar y le respondió con voz de angustia "¿pero para qué quieres que me detenga Señor? "Y por tercera vez vuelve a escuchar la voz con mas claridad y le "dice ve a ese lugar" Entonces ella toma la primer salida y entrando a una calle se regresa para ir a ese lugar. Ella empezó a orar con tanto fervor suplicando a Dios que la cubriera con su sangre preciosa, y parecía que era lo único que venia a su mente en oración, y repetía lo mismo una y otra vez mientras temblaba de miedo porque no sabía que hacer ni que decir. Sin embargo la joven se mantenía confiando en Dios y repitiendo en voz alta la misma oración, "cúbreme con tu sangre preciosa Jesucristo" "cúbreme con tu sangre preciosa Jesucristo" "cúbreme con tu sangre preciosa Jesucristo" Así llegó y se estaciono frente a ese lugar y ella pensó que Dios solo estaba probando su obediencia y que en cualquier momento Dios le diría: bien hija fiel no te preocupes regresa a tu camino, pero no era así. Dios no le decía nada, así que ella se mantenía orando, y al bajar de su auto ella casi estaba segura de que Dios le diría detente! sube al auto y regrésate, pero no era así. Al entrar al lugar una joven la recibe y le pide que espere un momento, y mientras ella esperaba atemorizada, se mantenía con la mima oración "Cúbreme con tu sangre preciosa Jesucristo" "cúbreme con tu sangre preciosa Jesucristo" En eso la joven le dice que puede entrar que la mujer adivina que también hacia trabajos de brujería le estaba esperando. Así que la joven hermanita oraba con más fervor, y al entrar al lugar donde se encontraba aquella mujer, la joven hermanita decide cerrar sus ojos porque no sabía que hacer y la opresión era muy fuerte. Fue entonces que escucho un fuerte grito desesperante que decía "¡Que esta pasando, que es eso! La joven abrió los ojos y vio a aquella mujer estaba en el piso arrinconada en una esquina del cuarto cubriendo su rostro de lo asustada que estaba, y volvió a gritar "¡Que es lo que pasó! ¡Está cubierta de sangre! ¡No la soporto! Entonces la joven salió corriendo de ese lugar, subió a su auto y se fue de ahí. Ella estaba asombrada de lo que había presenciado.

Dios esta atento a nuestra oración y cuando ella dijo úsame Señor, Dios tomo sus palabras, y así mismo su ferviente oración de la cobertura de la sangre de Jesucristo fue manifestada. Siempre ha sido así, ya que cuando declaramos la cobertura de la sangre de Jesucristo en nuestra vida, la sangre se hace manifiesta en el poderoso nombre de Jesucristo.

32

Tira los dulces y elige a Cristo

Cuando empecé a trabajar el ministerio de maestra de niños vi lo importante que era el educar a los niños en el conocimiento bíblico, y además la seriedad y respeto con la que se debe tomar ese ministerio. Hay quienes piensan que el instruir a los niños es un ministerio pequeño siendo todo lo contrario ya que los niños son como absorbentes esponjas dispuestas a aprender. Por lo que este hermoso ministerio debe ser valorado como todos los demás y tomar la responsabilidad debida como maestros de los futuros pastores y evangelistas.

Los niños están dispuestos a aprender en todo momento y tenemos que enseñarles conforme a sus edades y sus necesidades y de esta manera llenar todas sus expectativas por lo cual es importante instruirse y capacitarse para dar una buena educación bíblica. Los niños deben separarse por grupos en las cuales resaltamos sus edades no solo para que convivan sino para poder educarles conforme a su edad, por ejemplo, los niños de edades entre los 3 a 5 años suelen desconcertares de una enseñanza pues se distraen con gran facilidad por lo cual necesitan las habilidades gesticuladoras de su maestra, y así mismo los movimientos y las imitaciones de voces, de esta manera los niños seguirán a la maestra e imitaran sus gestos y movimientos.

En cada etapa hay una necesidad diferente pero de algo siempre debemos estar seguros, los niños quieren aprender conocer y divertirse y si no les enseñamos una sana doctrina se corre el riesgo de que una doctrina errónea llegue a ellos tal y cual es la una celebración pagana anual donde los niños se disfrazan y piden dulces. Dicha celebración tiene un disfraz de convivencia donde los niños reciben dulces en las calles y esto los llena de felicidad, mal interpretando el verdadero significado de dicho evento ya que los niños piden dulces y si se los niegan advierten de hacer travesuras a quienes les negaron esos dulces. La realidad de tan terrible evento es mas oscuro y perverso de lo que imaginan, ya que desde en la antigüedad esos eventos se iniciaron para rituales especiales ofrecidos a Satanás. Se pedía una ofrenda en cada casa, misma que era una ofrenda humana para los demonios. Las viviendas tenían que tener una señal de apoyo a dicho evento, por lo cual usaban calabazas como linternas y así los ritualistas tomaban la ofrenda que por lo regular era una doncella, y de esta manera los demonios no "afectaban" esa casa, y pongo la palabra afectar entre comillas ya que todo aquel que es partícipe de las tinieblas tiene su recompensa, ya que Satanás es el padre de la mentira. Satanás engaña a sus seguidores haciéndoles pensar que tienen el apoyo y protección del mundo de las tinieblas y por un momento la gente lo cree pero de pronto va y se muestra tal cual es destruyendo esa familia. Los ritualistas vestían pieles de animales y usaban las cabezas de estos como máscaras, esto lo hacían para invocar por fuerzas y poderes representativos de el animal del cual estaban disfrazados. Hoy en día miles de personas siguen celebrando esos eventos, pero me pregunto si no han tenido la duda de ¿porque hacer algo malo a una familia si ésta no participa dando dulces? o ¿porque se disfrazaría para pedir? o se han preguntado ¿porque se pierden tantos niños en esa fecha y jamás se vuelve a saber de ellos?

Cuando aprendimos el verdadero significado de esas fiestas decidimos hacer una campaña en la Iglesia en contra de ese evento. Así que ese mismo día cuando los niños empezaban a salir a las calles a pedir dulces, nosotros iniciamos un servicio en la Iglesia, orábamos pidiendo a Dios misericordia y protección por tantos niños que salían a las calles sin saber lo que en realidad estaban haciendo. También se hicieron obras de teatro donde se mostraban las verdaderas intenciones de esa fiesta y mientras los jóvenes participaban en el drama, vimos un carro estacionado frente a la puerta de la Iglesia, y un hermano se acerco al auto y ahí estaba una joven con su hermanita de 10 años. Ellas estaban muy atentas viendo la obra teatral que los jóvenes hacían, cuando el hermano las vio ellas estaban llorando y decían que sentían que su mente se había aclarado. Seles invito a entrar y ese día aceptaron a Jesucristo en su corazón. Ellas estaban tan felices, y me llamó mucho la atención su comentario al decir que ahora entendían que lo que estaban haciendo no tenia sentido. Las dos andaban vestidas de brujas y muy maquilladas pero con las lágrimas derramadas en sus rostros el maquillaje se desvaneció.

Yo sabía que no solo ellas habían escuchado el mensaje que se predicaba aquella noche, pues había mucha gente en las calles. Sin embargo Dios nos da a cada quien la libertad de elegir entre lo bueno y lo malo. Aunque mucha gente eligió ignorar la verdad ya que les incomodaba, y prefirieron continuar aún después de habiendo escuchado la verdad. Mientras que la joven y su hermanita tomaron la decisión de aceptar a Cristo y renunciar a las tinieblas, la niña pidió permiso para ir a tirar los dulces, sin que nadie le dijera nada pues ella sola dijo a todos los presentes que se sentía incomoda cargando esos dulces, que por nada se le antojaban comer pues entendía que esos dulces no deberían ser comidos. Que impactantes palabras de una niña que apenas conociendo la verdad, trató de apartarse y deshacerse de todo lo que no era bueno. Después nos pidieron ropa prestada pues no querían permanecer vestidas como brujas, y de inmediato unas jóvenes consiguieron ropa para ellas y tiraron tanto los dulces con sus canastas y la ropa que vestían. Ellas empezaron a asistir a la Iglesia llevando también a sus Padres.

Ese momento fue muy especial y lleno de bendiciones.

Dice la palabra de Dios que cuando el conocimiento de la verdad llega a tu vida y aprendes lo que es bueno y evitas hacerlo, te es contado por pecado, ya que cuando Dios te enseña algo no es para guardarlo sino para ponerlo por obra y trabajar en ello, pues un día se nos llamara para dar cuenta de lo que hicimos con lo que nos dieron.

33

Ungiendo las calles

Han escuchado de lugares en los cuales se siente una gran opresión, algunas calles o hasta ciudades donde no se siente ninguna tranquilidad, e inclusive alguna habitación de una casa donde algunas personas hasta aseguran escuchar ruidos. Por lo regular la gente evita pasar por esos lugares pero en la mayoría de los casos los rumores de malos sucesos se acrecientan en esa zona hostil. Es como cuando escuchamos de un suceso de pleito en una calle y a la semana escuchamos otro mas en esa misma calle y a la siguiente semana otro mal suceso en esa misma calle nuevamente y después en la calle de enseguida, muy cerca de donde hubo los otros sucesos y así se va contaminando y va creciendo el crimen en esa área. Lo que sucede en el mundo espiritual es que los demonios se van posesionando de lugares donde se les abrió la puerta y esa maldad sigue multiplicándose. Han visto como los animales marcan su territorio y orinan las llantas los postes los buzones y las esquinas de las casas, y cuando los dueños de la casa salen y ve lo que hizo el perro u otro animal, van por agua y empiezan a lavar esa área porque a nadie le gusta que orinen su casa, además si así lo deja llegara otro perro que orinara sobre lo que hizo el perro anterior y así estarían peleando territorios. La maldad se desplaza marcando territorios, por lo cual cuando en su casa se sienta una opresión y malos rumores se empiecen a correr en las calles allegadas a su casa, puede ungir con aceite de olivo y establecer el reino de Dios es su hogar, cancelar toda maldición proferida hacia tu familia y sellar su territorio, pedir ángeles al rededor de tu casa y declarar deshecha toda brujería, hechicería y fetichismo, todo lo que se haga hágalo en el poderoso nombre de Jesús.

Unas semanas antes de que se llevara a cabo el evento donde los niños salen a pedir dulces a las casas, mi familia y yo salimos a ungir las calles y es que en esos días hubieron varios robos en la subdivisión donde vivíamos, así que visitamos a los vecinos y les dimos unos folletos donde indicábamos que durante 30 días saldríamos a orar por la subdivisión, y estaríamos orando por todas las familias. En los folletos hacíamos una cordial invitación a los vecinos a orar con nosotros, pues caminaríamos por las calles orando y ungiendo con aceite, y decidimos hacer esto de 4 a 6 de la mañana todos los días. Así dimos inicio la primera mañana; primeramente orábamos, nos cubríamos con la sangre de Cristo y salíamos a orar y mientras caminábamos por las calles ungiéndolas y declarando bendición sobre las familias. Nuestros hijos hondeaban grandes banderas con textos bíblicos. Fue una gran experiencia aunque se sintió mucha opresión el primer día. Continuamos orando, cantando alabanzas y ungiendo, las calles y cada vez eran mas los hermanos que se iban uniendo a la caminata de oración. Al tercer día vimos a varios vecinos unirse a la oración aunque muchos de ellos solo salían a abrir la puerta de su casa y agitaban sus manos brindándonos un saludo y una sonrisa, recibiendo así la bendición que declarábamos sobre sus hogares. Cabe mencionar que aunque éramos vecinos no nos conocíamos, y en esos días vimos como el ambiente cambio; fue una gran experiencia, los robos cesaron, había armonía entre las personas de la subdivisión y algunos nos dieron notas con peticiones especiales para orar por sus familias.

Cuando llego el día donde los niños disfrazados piden dulces en las calles, vimos como ellos corrían hacia nuestra casa la cual no estaba decorada y en la que pusimos una gran cantidad de volantes mostrando la verdadera historia de esa festividad. Una hermana me preguntó si no habíamos tenido problemas con los vecinos por el echo de no participar con ellos en esa fiesta, y le conteste que el haber salido a ungir las calles y orar por todos los vecinos trajo como resultado el agradecimiento de ellos, aún de quienes no asistían a ninguna Iglesia, pues se sintieron agradecidos de que nos preocupáramos por su seguridad. Otros vecinos vinieron a nuestra casa, pidieron oración y aceptaron a Cristo.

Siempre habrá algo que cosechar mientras haya habido algo por sembrar. Un día mientras mi esposo manejaba yo veía tantas casas y calles y deseaba poder orar en cada calle y poder ungirlas pero sabía que era imposible, cuando de pronto empezó a lloviznar y las grandes gotas caían y se hacían notar, fue entonces donde entendí que Dios me decía que nada era imposible, que Dios puede derramar esa unción, que tan solo creyera y declarara la bendición, pues Él tiene el poder para derramar la unción en toda la ciudad. En ese momento empecé a declarar esa bendición, esa cobertura especial declarando bendecida a toda la Ciudad y esa lluvia simbolizara la unción del Espíritu Santo sobre la ciudad y que todo lo que la lluvia tocara fuera bendecido, y en eso la lluvia se vino mucho muy fuerte, así es! Fue una bendición sobreabundante.

SÉPTIMO TEMA

Experiencias con ángeles

34

El Ángel en mi auto

Me complace el compartir con ustedes ésta maravillosa experiencia que habla de Ángeles.

Yo tenia unas pocas semanas asistiendo a la Iglesia, trabajaba los fines de semana en una tienda departamental y por lo cual desde el viernes hasta el domingo mi hora de salida del trabajo era a las siete de la tarde, y los domingos saliendo del trabajo me dirigía a cruzar la frontera de Estados Unidos a México ya que la Iglesia donde mis Padres se congregaban estaba en Reynosa Tamaulipas México. Mi Esposo cuidaba a las niñas en la mañana mientras yo trabajaba. Mi horario de trabajo era de diez de la mañana a cinco de la tarde y el horario de trabajo de mi esposo era de seis de la tarde a dos de la madrugada. Un domingo después de haber salido de mi trabajo y haber llevado a mi esposo al suyo, me dirigí camino a México con mis niñas, en aquel momento tenía tres niñas menores de 5 años. Las filas de autos esperando a cruzar a México eran muy grandes por la razón de ser víspera de navidad y todos los compradores estaban regresando a México así que en ocasiones tardaba más de hora y media para cruzar el puente internacional. Por lo regular llegaba a la Iglesia al final del servicio ya cuando la gente estaba orando puesta de pie para ser despedidos. Pero era tan importante para mí el estar en la Iglesia ya que necesitaba esa hermosa oración que satisfacía mi ser y me llenaba de paz, amor y tranquilidad. Yo tenía ocho meses de embarazo, era mi cuarto bebé y sabía que la oración me ayudaba para sentirme segura y protegida. Al terminar el servicio de la Iglesia me dirigía a casa de mis Padres y ahí me quedaba hasta más de media noche pues a esa hora me regresaba a Estados Unidos y pasaba al restaurante donde trabajaba mi esposo para así irnos a la ciudad donde vivíamos. Esa especial noche siendo casi la una de la madrugada, al estar en la línea para mostrar mis documentos en el puente internacional, el auto hacia un ruido extraño y de pronto bajaba la potencia de la luz del tablero del auto, parecía que se apagaría el carro, pero no le di mucha importancia y decidí seguir. Tomando la carretera el auto empezó a fallar aún más, las luces del tablero parpadeaban como si hicieran falso contacto con la batería. Cuando tomé el tramo de carretera más solo y oscuro eran pasadas de la una de la madrugada. Minutos más tarde se apagó el motor del auto y todo quedó completamente oscuro. No podía ver nada, ni a los lados ni atrás ni al frente. Ahí estaba yo sola con mis tres niñas en medio de la carretera, en esa tan oscura y callada noche. Le pedí a Dios que tuviera misericordia de mí y de mis hijas y mandara ayuda, pues tenía mucho miedo de que nos pasara algo malo, y así le seguí suplicando y con todo mi corazón le pedí que enviara a sus ángeles a ayudarme. De pronto una luz muy resplandeciente se hace notar al rededor del auto, claramente se podía notar que nos alumbraban desde arriba por lo que asumí que era un helicóptero de inmigración, lo cual era muy frecuente en esa área por ser la frontera del País. Decidí sacar mi cabeza para que los agentes de inmigración vieran que era una mujer y que me urgía ayuda, pero cuando saqué mi cabeza me llevé una gran sorpresa. No había ningún helicóptero y no podía ver de donde salía la resplandeciente luz que formaba un círculo perfecto que rodeaba mi auto y cuando meto mi cabeza al auto vi por el espejo retrovisor que alguien estaba sentado en el asiento trasero con mis niñas dormidas. Mi corazón palpitaba tan fuerte y tan rápido que sentí que me iba a desmayar pero trate de hacerme fuerte pues ese no era un momento para quedar inconsciente. Con mis ojos bien abiertos y mi mirada fija al volante decidí mover el espejo retrovisor hacia arriba, porque no quería ver atrás pues sabia que si veía al ángel que estaba sentado en mi carro me desmayaría. De pronto el auto empezó a moverse como si lo fueran empujando, el motor estaba apagado, las luces del auto apagadas pero el auto sigua moviéndose a una velocidad aproximada de 30 millas por hora. Yo me encontraba atónita por lo que estaba viviendo. Al despejarse mi mente puse atención en las luces de la ciudad que se hacían notar, por lo que estábamos a unas cuadras para llegar a la Ciudad y pensé en que Dios me dejaría en la orilla de la Ciudad y así al pasar algún policía vendría a ayudarme. Pero el auto no se detuvo y siguió en movimiento. Yo estaba maravillada al estar dentro de un carro que iba siendo conducido por Dios, y veía lo hermoso de la noche acompañada de los ángeles de Dios y su divina presencia. Deseaba que alguien viera lo que estaba pasando, pero las calles estaban solas. En la siguiente cuadra había un semáforo y estaba en color verde, y pensé en que Dios lo mantendría en verde para pasar sin detener el auto, pero casi llegando el semáforo cambia a color rojo y el auto se detiene. Realmente pensé que hasta ahí me llevarían y ahí mismo esperaría por ayuda. De pronto llega una camioneta donde venían dos señores, y la camioneta se detiene a lado de mi auto esperando al cambio de luz del semáforo ¿pero que esta pasando? pensé, es que no voltean a verme, ¿No se dan cuenta que mi auto tiene las luces apagadas? Pero sucedía que ellos no me veían ni veían el auto, pues aun continuaba una gran cobertura de ángeles rodeando mi auto lo cual nos hacia invisibles. Segundos después a luz del semáforo cambio a verde y la camioneta acelero y mi auto continuó su ruta. Yo estaba sorprendida con todo lo que sucedía, el auto continuaba con su curso hasta llegar al restaurante donde mi esposo trabajaba. El estacionamiento tenia un bordo por lo cual era necesario acelerar para subir ese bordo pero el auto subió sin ningún problema. Frente a las dos puertas de cristal de la entrada principal del restaurante fue donde el carro se detuvo y los ángeles se fueron. Acomodé el espejo en su lugar, mire hacia atrás y ya no estaba el ángel que venia sentado en el asiento con mis tres niñas dormidas. Mi esposo salió y se acerco a mí y me preguntó si me pasaba algo pues yo estaba sin habla. Pasaron minutos hasta que ya pude hablar y decirle que el auto se descompuso y que se habían apagado las luces y el motor. Mi Esposo se dio cuenta que el alternador del auto dejó de funcionar así que tuvimos que llamar a mi Papá quien vino a ayudarnos para llevarnos a casa. Llegando a nuestra casa le dije a mi esposo y a mi Papá todo lo que había sucedido.

Fue una experiencia tan hermosa, que agradezco tanto a Dios por haberme permitido vivirla. Y ser testigo de que los ángeles existen y que el poder sobrenatural de Dios se manifiesta en todo aquel que cree.

35

Tres cuadras con un ángel

En cierta ocasión llevaron a mi casa una notificación donde anunciaban la participación de una organización que ayudaba a familias de esa comunidad con despensas de comida. Sucedía que en ese momento no contaba con una auto para poder ir al edificio donde se estarían regalando esas despensas de comida, ya que mi esposo estaba usando el auto para ir a su trabajo, por lo cual me vi en la necesidad de ir caminando hasta aquel edificio que estaba a tres cuadras de distancia de donde yo vivía. Cuando llegué al lugar donde estaban dando las despensas me sorprendí de ver la gran línea de autos esperando turno para que les entregasen sus despensas. Mientras observaba la gran línea, una Señora se acerca a mí, y muy amablemente me preguntó la cantidad de miembros que tenia mi familia y en ese entonces éramos seis en total. La amable señora tomó dos cajas grandes de madera y empezó a llenarlas de comida. La señora fue tan generosa pues cada vez ponía más y más comida en aquellas cajas. Eran tantas latas, jugos, vegetales, harina, legumbres que podía asegurar que todo lo que puso en un solo cajón muy bien llenaría los dos cajones. Y así siguió hasta que terminó de llenarlos. Esos dos cajones rebosaban abundantemente pero me preocupé al no saber como decirle en ingles que era demasiada comida y que yo me había venido caminando, pero la Señora me dijo que ya estaban listos y que podía llevármelos y se fue a atender a otras personas. Por mas que pensaba me era difícil idear la manera de llevarme esas dos cajas tan grandes y pesadas pues cuando traté de estirar una de ellas no pude ni siquiera moverla. Asombroso, si no podía ni siquiera estirar un cajón de tan pesado que era, menos podría cargarlo y peor aun cargar con dos. En mi interior me di por vencida pues no sabia que hacer y le dije a Dios "Señor ayúdame por favor, necesito de tu ayuda para poder llevar esta comida a mi casa, manda a tus ángeles a ayudarme" y mientras decía estas palabras me incliné para tratar de levantar una caja pero en ese momento un joven se atraviesa y levanta una caja con un brazo y después toma la otra con el otro brazo yo me asusté cuando vi la rapidez con que tomó las dos cajas y de momento pensé que se las daría a alguien mas porque ni me pregunto nada solo las tomó y las levantó . Cuando lo vi a la cara me sorprendió su estatura, era un joven rubio mucho muy alto, yo no sabia como decirle que no traía auto. Él solo movió su cabeza hacia arriba dándome a entender "vamos". Oh que vergüenza sentía y como explicarle que vivía a casi tres cuadras y que esas cajas pesaban muchísimo. Pero cuando trataba de decirle que no tenia carro el solo caminaba a mi lado y no me volteaba a ver parecía que sabía donde vivía. Así que apresure mis pasos lo más rápido posible, era como una caminata olímpica, caminaba desesperada por llegar. Cuando estábamos a mitad de camino decidí voltear mi mirada para poder verle a la cara y saber si no estaba molesto por lo lejos que estaba mi casa, así mismo esperaba ver su cara roja de cansancio por traer cargando esas dos cajas tan pesadas. Pero para mi sorpresa él se veía tan tranquilo y tan calmado al caminar, y su rostro hacia notar una tranquila sonrisa, mientras sus ojos contemplaban los arboles y las casas de alrededor. Yo pensaba "este muchacho realmente es feliz ayudando a las personas, se ve que disfruta y ama el ayudar". Cuando él daba un paso yo tenia que dar dos o tres, y ya al estar a unos cuantos metros para llegar a mi casa, empecé a buscar las llaves en mi bolsa y también algo de dinero para dar una propina porque me sentía muy apenada por la gran distancia que le hice caminar y por la carga tan pesada. Cuando llegamos a la puerta de la casa él pone las cajas en el piso y yo volteo para darle las gracias, pero increíblemente él ya no estaba, desapareció en un parpadear de ojos ese joven ya no estaba ahí. Pues en ese preciso momento en el cual las cajas de madera tocaron el piso inmediatamente ese joven desapareció. Mis piernas empezaron a temblar y no podía ni abrir la puerta de la entrada, sentía que el corazón se me iba a salir de tanto que palpitaba, un ángel caminó conmigo por tres cuadras. Tuve que traer bolsas para llenarlas de comida e irlas llevando a la cocina. Minutos mas tarde no dejaba de pensar en porqué no puse mas atención y no me di cuenta que era un ángel, pensaba en Jacob cuando luchó con un ángel, pensaba en cuantas veces Dios nos ha mandado ángeles a ayudarnos y ni cuenta nos damos.

Con razón ese joven estaba siempre sonriendo, él estaba feliz porque mi Señor le mando a ayudar y a los ángeles les place servir a Dios y se gozan al hacerlo.

Alabé a Dios por sus grandezas dando gracias por todo su amor porque tuvo misericordia de mí y me mostró un mundo sobrenatural en donde sus cuidados se manifiestan pues manda a sus ángeles a cuidarnos, y estoy segura de que no es solo un ángel el que Dios puso a cuidarnos sino a multitudes de ellos.

Salmo 91:11-12
Pues a sus ángeles mandará acerca de ti,
Que te guarden en todos tus caminos.
En las manos te llevarán,
Para que tu pie no tropiece en piedra.

36

Un ángel me detiene

Las experiencias sobrenaturales cada vez se hacían más notorias en nuestra vida cotidiana. Cabe mencionar que el mundo de las tinieblas no esta muy contento de que nos demos cuenta de que la protección divina se hace notoria y es por eso que acechaban más frecuentemente. Pero no me preocupaban pues sabía que eran más los que estaban nosotros que los que estaban en contra. Entendía muy bien la escritura donde Eliseo pide a Dios abrir los ojos espirituales de su siervo y cuando disponemos nuestro corazón para conocer y creer entonces es cuando empezamos a ver lo creído. Pero jamás veremos sin antes haber creído.

Sucedió que un día muy frío y nevado salíamos del departamento para dirigirnos a la Iglesia donde nos congregábamos. Eran después de las seis de la tarde y estaba nevando. Mi esposo tomó en sus brazos a las tres niñas para subirlas al auto mientras yo traía a mi hijo de un año de edad. Las temperaturas eran muy bajas así que salí y empecé a caminar rápidamente hacia el carro, y tenia que hacerlo con mucho cuidado porque los escalones de la salida del departamento estaban cubiertos de nieve y había lugares cubiertos de hielo. Cuando ya iba a mitad de los escalones mis pies resbalaron elevándose del piso y lo que hice al instante fue abrazar fuertemente a mi hijo para protegerlo de cualquier golpe y clame a Dios diciendo ¡Dios mío! y cuando mi caída era tan fuerte y el golpe que recibiría seria el de un escalón en mi cabeza, en ese momento tan repentino unos bazos me sostuvieron cargándome y poniéndome de pie. Pude sentir las manos grandes y asimilé la gran estatura de la persona ya que de reojo pude ver lo alta que era. Al asegurarse de que estuviera de pie esas fuertes manos me soltaron y en ese momento yo volteo para dar las gracias pero sorprendentemente no había nadie. Todo fue tan rápido, aun sentía la fuerza que me sostuvo. Segundos después mi esposo se acerca a mi para tomar al niño y le dije "me caí" Mi esposo asustado me pregunta ¿Donde? ¿Como? ¿Que te pasó? y le contesté que alguien me había sostenido, Mi esposo vio la marca de la nieve donde mis dos pies se resbalaron. Los dos empezamos a glorificar el nombre de Dios dándole gracias por sus cuidados. El camino a la Iglesia era de aproximadamente una hora así que todo el camino íbamos alabando a dios llenos de gozo agradeciendo su cuidado.

Siempre pido a Dios que mande a sus ángeles a cuidar a mis hijos a mis familiares que en todo momento su cobertura sea con ellos, pero también les enseño a mis hijos a entender que Dios nos ama y jamás debemos olvidar lo grande de su amor y la importancia de vivir en su presencia. Cantarle adorarle y alabarle en todo tiempo, para que su palabra esté de continuo en nuestra boca, tal cual es lo que nos dice en su palabra. Que no nos olvidemos de él, pues él nunca se olvida de nosotros. Es hermoso platicar con Dios, hacerlo nuestro mejor amigo, confiarle y pedirle consejo, pues nadie nos aconsejara mejor que el. Y su mano protectora siempre estará presente.

37

Ángeles de refuerzo

Era Domingo y me encontraba en la Iglesia. Mientras estaba la Alabanza, mi Mamá me trajo a una joven de 16 años de edad, la cual estaba teniendo dificultades en su casa y necesitaba consejería y oración. Mi Mamá me pidió que la llevara al salón de jóvenes para que pudiera hablar con ella porque en ese momento estaba dando inicio la alabanza y el sonido era muy fuerte y no podría escuchar a la joven ni ella a mí. Este caso era una emergencia porque la joven tenía problemas a causa de escuchar música de rock pesado, el cual tenia contenido satánico. La alabanza continuaba en la Iglesia y todos cantaban y se gozaban. Nosotras subimos al segundo piso del edificio pues era allá donde se encontraban los salones los cuales estaban vacíos pues toda la congregación se encontraba en el primer piso. Invité a la joven a sentarse para conversar. Aquella joven era muy delgadita y de estatura baja, se veía muy frágil. Mientras platicábamos yo la veía fijamente a los ojos pues observé que su mirada me evitaba y cada vez se ponía más nerviosa. Pude ver que los demonios que habitaban en ella la estaban inquietando y querían alejarla de ese lugar. Ella empezó a temblar y repentinamente se quiso levantar pero se sostenía muy fuerte de los brazos de la silla y estirando su cuello muy alterada diciendo que necesitaba salir de ahí, que quería irse de ese lugar, y me dijo muy desesperada que ya no aguantaba. Ella se puso de pie y al mismo tiempo yo me levanté lo cual la atemorizo. De momento se dirigió a la puerta y yo me atravesé para no dejarla pasar, y le pedí que se detuviera, y que me permitiera orar por ella, pero ella se agito y empezó a gritarme con una voz muy gruesa y alterada diciendo: "¡Quítate de mi camino, me quiero ir!" Sus ojos se abrieron con desesperación y sus manos se extendieron, y cuando sabia que no le dejaría pasar cambio su actitud y me miro fijamente a los ojos con mucho odio y con altivez, me grito con soberbia las siguientes palabras "Yo te conozco, tu me servías, acuérdate, acuérdate, tu irás conmigo al infierno." Yo me sorprendí de lo que escuché. El demonio se dirigía a mí con tanta altivez y me acusaba continuamente. Yo lo veía también fijamente, orando continuamente y no decía nada, lo cual le dio confianza al demonio pensando que no lo ataría. La joven se movía como serpiente, sus movimientos eran muy extraños y no paraba de decirme que me acordara de él, y fue entonces que le contesté con alta voz "Es verdad, si me acuerdo" El demonio se confundió al ver mi actitud, yo le dije "mírame, pero mírame bien, ¿no vez algo diferente en mi?" El demonio se confundía aún más. Entonces decidí cambiar mi tono de voz así como la expresión de mi cara y con autoridad le dije "¡MIRAME! ¡MIRA LA SANGRE PODEROSA DE JESUCRISTO CUBRIENDO MI VIDA! ¡PORQUE JESUS MURIO POR MI EN LA CRUZ DEL CALVARIO Y RESUCITO AL TERCER DIA PARA DARME VIDA, Y VIDA EN ABUNDANCIA, Y VENCIO AL DIABLO Y A TODOS SUS DEMONIOS! Mientras yo hablaba, el demonio tapaba sus oídos porque le irritaba tanto escuchar. Repentinamente la joven que era tan delgadita y frágil, estando poseída por el demonio se me fue al cuello, me estaba ahorcando y sus fuerzas eran mucho mayor a las mías, no podía hablar, no podía reprenderlo y atarlo, sentía que me asfixiaba, y en mi mente le pedí a Dios que me ayudara y me mandara ángeles porque mis fuerzas eran muy pocas. En ese momento cuando mis ojos estaban cerrados mientras trataba de quitar los dedos de mi garganta, algo arrebata a la joven de encima de mí y la pegan a la pared del salón. Mientras yo tomaba aire y recuperaba el aliento vi como tenían detenida a la joven. La sujetaban de las manos un ángel en un lado y otro del otro lado. La tenían elevada, la cabeza de la joven casi tocaba el techo del salón y sus pies estaban muy lejos de tocar el suelo. Ella pataleaba y trataba de morder las manos de lo ángeles. Yo,.... ¡yo casi me desmayo de la impresión! La estatura de los ángeles era del piso al techo, la cabeza de ellos tocaba el techo, ya ni me importaba lo que me había sucedido con el demonio pues estaba atónita viendo lo que Dios había hecho, pues mando a sus ángeles a ayudarme contra ese demonio. Entonces entendí que los ángeles estaban sujetando a la joven para que yo empezara a hacer mi trabajo y fue así que estuve atando no uno, sino muchos demonios. Ya estaba cansada pues se manifestaban de uno en uno hasta que un ángel me dijo que atara a legión y recordé como en la Biblia habla de los demonios legión y lo ate. Pero después se manifestó otro demonio y la verdad ya no sabia que hacer, deseaba que alguien viniera, quería que mi Mamá o alguien más entrara al cuarto y viera lo que estaba pasando. Pero entonces me dijeron que preguntara por el demonio líder y que le ordenara salir junto con todos los que le seguían y al atarlos a todos en el poderoso nombre de Jesús, los ángeles soltaron a la joven y se retiraron. Ella volvió en sí y empezó a llorar. Ore por ella y todo volvió a la calma. Cuando bajé con la joven me fui al altar a llorar de gozo y agradecimiento por las maravillas que Dios me permitía ver. Aprendí que cuando tienes un demonio frente a ti tienes que atarlo inmediatamente y no permitir que te digan nada ni ponerte a platicar con ellos, no se les debe seguir su juego.

El tema de los ángeles ha sido de mucha controversia pues para muchas personas es dudoso que los ángeles se manifiesten hoy en día, sin embargo el tema de la presencia de los demonios es más creíble para las personas. Cierta ocasión un grupo de jóvenes de la iglesia estaban reunidos tocando el tema de la vida sobrenatural y compartían experiencias vividas. Una jovencita de 18 años inició dando testimonio de como fue atacada por fuerzas malignas, su testimonio estremecía a los demás jóvenes y al terminar ella otra joven también dio su testimonio narrando la experiencia que tuvo antes de conocer a Cristo, veía muchas películas de horror y se interesaba por el ocultismo y testifica de esa mala experiencia. Así continuo otro joven con un testimonio similar, y en ese momento detuve la tan emotiva plática que estaban empezando a desarrollar la cual se dirigía al mundo de las tinieblas. Así que decidí preguntar a los demás jóvenes si había alguien que compartiera un testimonio sobrenatural que no tenga que ver precisamente con la maldad, sino que hablen de ángeles, porque me daba cuenta de que muchos han visto demonios o sentido la presencia maligna manifestarse, pero ¿que pasaba con los testimonios de ángeles de Dios? ¿Alguien ha visto a un ángel? Pregunté y en ese momento todo el salón quedo en silencio. Una joven se levanto y dijo "pues yo creo que si veo a un demonio me asustaría muchísimo y si veo a un ángel me desmayo" Los demás jóvenes se rieron y compartieron el mismo sentimiento. En ese momento me detuve a pensar en el ¿porque esas reacciones? que acaso como hijos de Dios y conocedores de su palabra no debiéramos estar mas familiarizados con el poder de Dios manifestando su poder supremo, que con las acechanzas del maligno ¿porque no escuchamos tanto testimonio de ángeles y milagros? Orando a Dios me revelo que si mantenemos una vida en santidad estaríamos preparados para ver cosas maravillosas. El evitar creer permite que la duda afecte la fe, lo cual ocasiona que se pierdan las bendiciones de la manifestación de lo sobrenatural. Sin embargo hay muchísima gente que ha tenido experiencias sobrenaturales y también ha visto ángeles, pero tienen miedo de dar testimonio porque algunas personas les han dicho que nadie les creerá. A mi también se me recomendó guardar silencio al respecto para no ser juzgada pues nadie me creería, pero estoy segura de que si las personas que han tenido experiencias con ángeles hablaran y compartieran su testimonio, algo sobrenatural sucedería y aumentaría la fe del creyente.

Los dones ministerios y talentos son diversos y Dios a dotado a cada persona con diferentes dones por lo cual es entendible que no porque uno vea todos tienen que ver y así lo que el otro pueda hacer los demás no tienen que hacerlo pues dependerá de lo que Dios haya puesto en cada uno y con el propósito con el cual lo haya puesto. Por ejemplo de mis siete hijos cinco de ellos han visto la manifestación sobrenatural los cuales desarrollan en común el don de fe y discernimiento de espíritus y dos de ellos jamás han visto ni un ángel ni un demonio. Ellos saben los dones depositados en ellos son diferentes a los de sus hermanos, y en cada uno de ellos hay un propósito de Dios por lo cual los dones que tienen serán usados en el ministerio que Dios tiene haya depositado en cada uno. Dios puso ángeles a nuestra disposición y que tenemos que creer para ver, por lo cual Yo le doy ¡la Honra y la gloria a mi Señor Dios Santo y Poderoso Jesucristo! ¡Quien vive y reina por la eternidad! Bendito sea Dios por los siglos de los siglos Amen.

38

Despedida

Sin Santidad nadie vera al Señor
Seguid la paz con todos, y la santidad,
sin la cual nadie verá al Señor
Hebreos 12:14 (Reina Valera 1960)

Estamos en los días postreros donde la apostasía se esta haciendo notar continuamente. El amor de mucha gente se ha enfriado a causa de las decepciones y desilusiones pues han puesto su mirada en el hombre. Sin embargo cada persona es responsable de su propia vida espiritual y el día en que Cristo venga no se podrá culpar a alguien más de su pecado, pues cada uno tiene la libertad para elegir entre lo bueno y lo malo. Dios nos dio la herramientas para poder vencer la tentación por lo cual todos podemos tomar uso de esas bendiciones y resistir al diablo el cual tiene que huir al ver su convicción como hijo de Dios.

La Santidad del cristiano se manifiesta en su actitud hacia el pecado, Al entender que el pecado en nada ayudara y tiene consecuencia de muerte. Por lo cual todo aquel que ama a Dios aborrece el pecado y se aleja de él. Evitar el pecado no será fácil si su vida espiritual esta debilitada a causa de la falta de oración y de lectura. Si una persona se aleja del pecado solo por miedo a ser castigado por Dios, le será mas difícil mantenerse en santidad, pues no se trata de evitar lo malo por miedo al castigo, sino porque se está plenamente convencido de que el pecado es un enemigo de Dios y por ningún motivo le es placentero amistarse con lo que es en contra Dios.

Para enamorarse de Dios solo es necesario conocerle y saber que el le amo primero, y esa es la razón por la que debemos conocerle por medio de la lectura y la oración. Y al igual que en un matrimonio se es necesario mantener el fuego del amor y no dejarlo enfriar, por lo que la llenura del Espíritu Santo nos permite estar en ese fuego continuo de la presencia de Dios, y ese fuego consumirá todo lo que pueda estar afectando su vida.

En todo tiempo Dios está al pendiente de lo que nos pasa, su mano no se ha acortado como dice su palabra, pues en todo momento nos cuida. La comunión con Dios nos ayuda a entender y darnos cuenta de que Él siempre esta ahí. Dios nos esta mostrando la importancia de amarlo con todo el corazón, y con todas las fuerzas. Pensando en Él al levantarse, dándole gracias por un día más de vida y así mismo meditar en su palabra en el transcurso del día, siendo feliz y haciendo feliz a los que nos rodean. Formando un ambiente de paz, no importando las circunstancias alrededor. Si la gente esta enojada Usted sonría y luche por vivir una vida en libertad donde no venga ninguna obra de la carne a perturbar tu vida. Se puede resistir con sabiduría y sonreír y luchar por la paz de tu día, y compartir de su amor el cual se llama Jesucristo.

La presencia de Dios sigue manifestándose con su resplandor, así como le sucedía a Moisés, y la gente no resistía ver su resplandor. Ese poder sobrenatural sigue manifestándose hasta el día de hoy, donde los hijos de Dios que le buscan y le alaban entregando todo su corazón, están rodeados del resplandor de Dios el cual es notorio espiritualmente y es de gran bendición para las personas. Cuando un hijo de Dios esta lleno de esa bendición, el amor que le irradia se proyecta hacia todas las personas pues un corazón lleno de la presencia de Dios solo tiene amor para su prójimo y no desea lo malo. De este modo se cumple el Segundo Nuevo mandamiento de amar a su prójimo como a si mismo, pues desea que ellos sean tan bendecidos como lo es usted.

Gálatas 5:16-21
Digo, pues: Andad en el Espíritu, y no
satisfagáis los deseos de la carne.
17 Porque el deseo de la carne es contra el Espíritu,
y el del Espíritu es contra la carne; y éstos se oponen
entre sí, para que no hagáis lo que quisiereis.
18 Pero si sois guiados por el Espíritu, no estáis bajo la ley.
19 Y manifiestas son las obras de la carne, que son:
adulterio, fornicación, inmundicia, lascivia,
20 idolatría, hechicerías, enemistades, pleitos,
celos, iras, contiendas, disensiones, herejías,
21 envidias, homicidios, borracheras, orgías, y cosas
semejantes a estas; acerca de las cuales os amonesto,
como ya os lo he dicho antes, que los que practican
tales cosas no heredarán el reino de Dios.

Mucha gente no esta dispuesta a escuchar de este tema pues cuando escuchan la palabra santidad piensan que se tienen que encerrar en un cuarto y jamás salir de ahí, nunca salir de la casa a convivir con amistades o familiares y piensan que jamás podrán prender la televisión y tienen que vestirse con ropa con una sola clase de ropa y sin ningún atavío o arreglo personal. Pero NO nada de eso, la palabra santidad significa apartarse de lo malo y es aquí donde nos concentramos en el fruto del Espíritu, donde Dios nos muestra que nos quiere llenos de amor, de gozo, paz, benignidad, paciencia, fe, bondad, mansedumbre, templanza. Así que no es como pensamos casi una vida de color gris, no, no, no, el Cristiano debe reflejar una vida llena de color, contagiando de fe esperanza y amor, pero apartándose de las obras de la carne, buscando la paz y la santidad, contagiando la luz de Jesucristo y estar dispuestos a recibir de sus bendiciones para dar testimonio de su grandeza. A Dios sea por siempre y para siempre la honra la gloria el poder y la alabanza por los siglos de los siglos amen.

Dios los bendiga rica y abundantemente en todo aspecto de su vida, en el poderoso nombre de Jesús.

Hebreos 12:14 (Reina Valera 1960)
Seguid la paz con todos, y la santidad,
sin la cual nadie verá al Señor.

¿Te gustaría aceptar a Jesucristo como tu único y suficiente salvador?

Te invito a leer en voz alta esta oración:

Señor Jesús, reconozco que tú eres el hijo de Dios y que moriste por mi en la cruz del calvario y resucitaste al tercer día, hoy te acepto en mi corazón como mi único y suficiente salvador, te pido perdón por todos mis pecados, y te ruego que apuntes mi nombre en el libro de la vida; Señor Jesús limpia mi corazón y transforma mi vida, ayúdame a ser feliz y hacer feliz a los que me rodean. Amen.

Si Hiciste esta oración te doy la mas cordial bienvenida a la familia de la fe, me complace en decirte que en este preciso momento se esta llevando a cabo una gran fiesta en el cielo a causa de tu recibimiento como hijo de Dios, eres una nueva persona, las cosas viejas pasaron y Jesús las hace todas nuevas, todo tu pasado ha sido borrado no importando como fue.

Un nuevo camino y una nueva vida inicias hoy. Tomate siempre de la mano de Jesucristo pues de hoy en adelante se inicia un nuevo libro donde las páginas están en blanco y todo lo que hagas irán llenando esas páginas, pero ahora iras de la mano de Jesucristo viviendo esa nueva vida.

Compra una Biblia y pide a Dios la dirección de la Iglesia donde deberás congregarte para conocer cada día más acerca de las bendiciones que Dios tiene para ti. ¡Dios te bendiga!

BIOGRAFÍA DEL AUTOR

Génesis Denova De Nacionalidad Mexicana, hija de Pastores Mexicanos Directores de un Reconocido Instituto Bíblico en México. Se ha desempeñado en el ministerio de liberación espiritual así como conferencista en temas de restauración matrimonial, superación personal y conferencias motivacionales en empresas, se ha desempeñado también como maestra en el Instituto bíblico moderno mexicano. Ha expuesto en seminarios de Psicopedagogía y Capacitación Didáctica para maestras de niños en Iglesias.

Génesis tiene la seria convicción de que hay un mundo espiritual en el cual cada persona decide el lado de donde quiere estar, sabiendo que todo lo que se haga tiene consecuencias. Y denota que las bendiciones, Milagros y manifestación del poder de Dios están visibles a todo aquel que decide creer en Dios y en sus maravillas.

Actualmente cuenta con 5 libros por publicar en los cuales tiene temas que sabe serán de gran ayuda a matrimonios, a jóvenes, a Padres de Familia, a personas Interesadas en desarrollar un Ministerio de maestro de niños y para nuevos empresarios.